闘わなければ社会は壊れる

闘わなければ社会は壊れる

〈対決と創造〉の労働・福祉運動論

今野晴貴
藤田孝典……編

岩波書店

はじめに

今野晴貴・藤田孝典

近年、日本では「対立」や「対決」を避ける世の中の風潮がある。社会運動による要求行動や、労使紛争は社会・労働問題を解決しない、あるいは問題を複雑にする「厄介者」のように扱われがちである。何かの不正を批判したり、具体的な権利要求をしようものならば、「エビデンスはあるのか」、「全体の調整を考えていない」、「社会に分断を招く」などとの非難にさらされる。

今日、社会問題は、あまりにも政治家やエリートを中心とした「調整」や「政策」によって、社会の混乱を避けながら巧みに解決されるべきものであるかのように語られている。調整や政治に過度に期待する風潮からは、カリスマ的な指導者を待望する心理も透けて見える。こうした風潮は、市民・労働者を萎縮させ、要求すること、権利を主張することをさらに困難にしている。

また、社会運動の側には、自らを「手続き」に従う無害で従順な主体であるとアピールする文化が根付いてきた。曰く、「企業や行政と敵対し、権利を主張するような運動はやりすぎだ」、「選挙や法律で定められた手続きに従うことが社会運動だ」、「誰も敵にしないように、わかり合っていくことが社会運動だ」。常套句は「言いたいことはわかるけど、やり方が良くない」というもの。

確かに、労働者や貧困者、障害者や性的マイノリティ、原発の被害者などは、自分たちの実情から出発し、自分たちの知識の範囲でしか問題に取り組み、発信することができない。しかし、そのような現実、具体的な職場や市民生活における対立と対決を避けて、社会を変えていくことが果たしてできるのだろうか。

　他方で、現代の日本社会全体を見渡せば、崩壊の危機にあるといってよいほど、困難と荒廃に直面している。少子高齢化は止まらず、非正規雇用は増え続けている。大多数の人々が当たり前の暮らしを送ることができず、「家族はぜいたく」だとまで言われる。貧困者たちは生活保護を受給することもできず、餓死・孤独死も繰り返されている。子どもを抱える親たちの貧困も深刻であり、児童虐待が後を絶たない。

　こうした日本の困難の多くは、福祉・社会保障制度の脆弱さにその原因がある。ただし、必ずしも一方的に悪化していたわけではないことに注目したい。二〇〇〇年代後半に入り、顕著に非正規雇用が増加すると、「派遣村」事件に象徴されるワーキングプアの問題が深刻化し、日本の福祉・社会保障制度の貧弱さが露見した。多くの労働者・市民が権利を主張し、声を上げることで、実際に世論が動いたのである。

　そして、ようやく多くの識者たちによって「福祉国家」が論じられ始めた。しかし、知識人による福祉国家論は海外の諸制度を比較検討し、日本の特性や目指すべき制度像について議論を重ねはしたが、日本社会で実践的に福祉国家型の社会を実現するための方途が示されることはなかった。同時に、「派遣村」以後、これを牽引した運動家の多くも対決型の運動を忌避するようになり、要求・対立を包含した社会運動はほとんどかき消されてしまった。「対決」を避けた制度論議は、結局はさらなる規制緩和の流れに没していった。

対決を避ける風潮は、社会運動のあり方にも影響を与え、「社会運動」の文化そのものを消し去ろうとしている。例えば、急速に広がっている、「子ども食堂」のあり方は、このような流れに位置し、そのあり方が鋭く問われている。

子ども食堂が社会に広がったのは、大人の貧困者への「バッシング」が吹き荒れるさなかのことだ。どれだけ貧困者へのバッシングが広がっても、「子どもの貧困」だけは許されない。子どもたちには「自己責任論」が成り立たないのだから、貧困問題を「あえて」子どもに限定すれば、社会の支持が得られる。子どもの貧困問題の言論をリードしてきた識者たちからは、そのような「本音」が漏れ聞こえる。

しかし、貧困問題の「子どもへの焦点化」は、重大な問題を孕んでいる。労働問題や大人の貧困問題を等閑視し、聞こえのいい「子ども」だけに焦点を当てることは、結果としてかえって世論を後退させ、多くの「大人」に疎外感を与え、社会を分裂させる危険があるからだ。

「子どもの貧困だけは許されない」「子どもの貧困は連鎖する」。これを繰り返すことで、非正規雇用や失業で苦しんでいる「大人の貧困」は仕方ないというメッセージを社会に発信してしまう。また、より重要なことは、子どもの貧困は、実際には親の労働問題や貧困問題に原因があるという事実を覆い隠すことにもつながる。

親の問題を無視、あるいは軽視し、「子ども」にフォーカスを当てるばかりでは、却って子どもの貧困の「原因」を見えなくし、対策を遅らせることにもなりかねないのだ(1)。実際に、子どもの貧困の原因となっている労働規制の緩和は促進され、非正規雇用は社会に蔓延し続けている。どんなに「穏当」で、「妥協的」で「害がなく」、「合理的」な政策を知識人がアピールし、社会運動が無垢な「助け合い」を叫んでも、現に世論は後退し続け、求める政策は一蹴されている。だからこそ、ますます「もっと穏当な主張でなければ対立を避けられない」という意見が強まっていく。

このように、要求や対立を避ける政策論議や社会運動は、現実への批判意識を後退させ、議論を常に「今よりも妥協的」な水準へと引き下げていく。その積み重ねの結果が、今日の閉塞状況に他ならない。

とはいえ、もちろん、やぶからぼうに「対決」や「対立」をあおり立てれば良いというわけではない。必要であるのは、制度・政策論からは導き出すことができない、福祉国家型の社会を実現するための「実践論」なのである。

この問題を考え、福祉国家論を先へと進めるためには、まず、今日の日本社会の実情についての理解が不可欠である。同時に、福祉国家型の社会を形成する実践の、理論的・歴史的な考察が出発点となろう。

本書はこのような問題意識から、福祉国家型の社会を実現するために、日本社会の現状、福祉実践についての理論、そしてこれからのあるべき社会運動について考えた一冊である。この巨大な課題に対し、本書は一つの試論に過ぎない。しかし、どのような社会運動が必要であるのか、いま、まさに考え始めることは、重大な意義を持つものと考える。

本書は福祉国家型の社会を理論的、実践的にとらえることを目指す。そのため、まず第一部では福祉・社会保障制度の現状と実践課題について明らかにし、第二部では労働運動の今日のあり方が検討され、福祉国家型の社会と労働運動の連関についても示される。そして、第三部では資本主義と福祉国家の関係について、理論的な解明を行う。

第1～3章からなる第一部は、日本の社会福祉の実情と運動のあり方について検討する。

第1章は、ソーシャルワーカーである藤田孝典による福祉実践についての論考である。社会福祉が形式的な制度ではなく、ソーシャルワーカーの実践によってはじめてその内実を得ること、また、そのような実践の不足こそが、今日の貧弱な福祉がまかり通る要因であることが指摘されている。さらに、ソーシャルワーカーがなすべき社会運動についても提起がされる。

続く第2章では、ソーシャルワーカーとして東日本大震災の被災者支援や労働問題に取り組んできた渡辺寛人が、「派遣村」以後、反貧困運動が対抗的な力を失っている要因を労働運動との分離、「行政の下請け化」と「ソーシャルビジネス化」という観点から分析する。そして「対決」を避ける「ソーシャルビジネス」の貧困対策アプローチが貧困を生み出す構造を温存させていることを指摘し、労働運動と連結した対抗的な反貧困運動構築の必要性を示す。

第3章の後藤道夫による論考は、日本社会で「生活できる」条件を福祉国家型で再生する方向を提示する。「リビングウェイジ」を実現するとともに、労働者本人の病気、失業や子の養育・教育など、ライフコースにおける特別需要を別に充足するという枠組である。旧来のモデルはこの二つを区別せず、男性世帯主の年功型賃金が「込み」でカバーすべきものと考えてきた。

第二部は、第4章、第5章からなり、日本の労働運動の課題について明らかにする。

第4章は労働問題にかかわってきた今野晴貴による新しい労働運動のあり方、展望が論じられる。労働運動の変容と新しい交渉戦術について紹介したうえで、今日の日本の労働者の階層分析から新しい労働運動戦略が導き出される。個別具体的な労使紛争の対決と交渉が、新しい社会構想にまでつながり得ることを示す論考である。

第5章では、木下武男により、年功賃金が福祉国家型の生活保障の日本での実現を妨げてきたこと及びその代替の構想が示される。大企業に手厚い年功賃金は、分断社会のおおもとをつくってきた。分断社会を克服し、非正規労働者など下層の労働者が生活できる賃金を確保し、企業を超えた労働者の連帯を築くためには、職種別賃金と最低賃金制のシステムを実現、充実していく労働運動が不可欠である。

第三部は、第6章、第7章からなり、資本主義社会における社会運動戦略のあり方について理論的に考察する。

第6章では、宮田惟史が現在の「経済成長」は行き詰まりに直面しており、そのさらなる追求はかえって人びとの社会生活(労働条件や福祉を含め)を壊していくこと、それゆえ経済成長システムの転換こそ迫られていることを示す。そのうえでこの転換には、アソーシエイトした諸個人による、資本(収益論理)にたいする対抗的運動がカギを握ることを明らかにする。

第7章では、佐々木隆治が福祉国家による社会変革戦略の妥当性を、資本主義との関係から理論的に考察する。ドイツのマルクス主義者たちによって行われた「国家導出論争」が議論の手掛かりとされる。資本主義と国家の関係を理解することで、「制度」による改革の意義と限界が明確化される。

(1) とはいえ、もちろん子ども食堂の運動じたいに意義がないわけではない。子ども食堂の運動は対決型の福祉運動や、ワーキングプアの労働運動と連携することで、社会を改革する重要な勢力となり得るだろう。

闘わなければ社会は壊れる

目次

目　次

目　次

第一部　福祉運動の実践をどう変革するか?

1

みんなが幸せになるためのソーシャルアクション

——福祉主体の連帯と再編を求めて——

藤田孝典

１「福祉政治」を取り戻すために

社会福祉関係者による福祉対象者への凶行が後を絶たない。

「障害があって家族や周囲も不幸だと思った。事件を起こしたのは不幸を減らすため」

「障害者は不幸しか作れない。いない方がいい」

これは二〇一六年に一九名の生命を奪うという前代未聞の相模原障害者施設殺傷事件を起こした元施設職員の被告が発した言葉である。被害者数は戦後最多であり、**史上最悪の大量殺傷事件**と呼ばれる。**それを起こしたのは福祉関係者**であった。

元施設職員は長期間施設で暮らす障害者と接するなかで、何を感じていたのだろうか。「障害者施設、障害者福祉制度が抑圧的で不幸な存在だ」との気づきは、そのシステムの改善には向かわなかったのだろうか。

「手がかかる人だった」

「介護の仕事にストレスがたまっていた」

二〇一四年には上記の理由で、高齢者施設の施設職員が三名の入所者をベランダから転落させて殺害する事件、いわゆる川崎老人ホーム連続殺人事件が発生している。宿直の時間帯に殺人鬼に変容する福祉関係者すら発生するようになった。

上記の事件だけではない。施設内の虐待や不適切な対応など、福祉対象者として共に歩むべき人々に対して害を与える関わりは一向に減らない。

近年は超高齢社会の進展によって福祉対象者も急増し、そのなかで社会福祉を仕事にする人々も増えている。人々に仕事として接触する福祉関係者が今後も増加していくことだろう。だからこそ、前述したような事件は看過できないばかりか、何度でも起こりうる可能性を否定できないのだ。

著者はソーシャルワーカーとして、社会福祉、特に生活困窮者支援の領域で一七年ほど活動してきた。次々に貧困や生活困窮に苦しむ人々が相談に訪れる現場だ。既存の社会福祉ではニーズが充足できない人々や、社会構造が困難を加速させている側面が見られる場合も往々にしてある。

私たち福祉関係者は現在の社会福祉をどう捉え、どのように向き合っていけばいいのか。それが筆者の問題意識である。

この問題意識の根幹には、日本でソーシャルワークが根付いていないという現実がある。真に必要な社会福祉を求めて、意識的に社会改良なり、社会変革に向けた社会活動が決定的に不足している。

高齢者福祉の業界をみてほしい。窮屈なケアマネジメントが業界を席巻し、財政制約から社会保障費を削減するように言われれば、当事者の利益ではなく、政府や行政の方針を重複してケアを提供する。高齢者の要介護度に応じて算定された「括弧つきのニーズ」を疑うこともせず、本人の自己決定という言葉をタテマエに、あたかも正しいものであるかのようにケアプランを提供している。要介護高齢者のニーズとは何か。

二〇〇〇年以降、声高に叫ばれる地域福祉も同様である。厳しい財政制約があるなかで、ケアを提供する人々を行政が用意しきれない。だからボランティアや地域住民は、主体的に自分たちでニーズを充足する方法が求められている。地域福祉の文脈で「地域住民が主体的に」と出てきたら、誰がそうさせたいと思っているのか、主語を疑うべきだ。

社会福祉学を牽引してきた小川政亮は「権利としての社会保障」の確立を求めた。公共がおこなうべき役割を明確化し、国民がサービスを受ける権利を確立することが何よりも重要である、と説いている。いまの社会福祉は権利として、国民の手のなかにあるといえるだろうか。そのサービスは権利性の議論なく、安易に「市民」や「地域」や「ＮＰＯ」なるものに委ねてしまっていいのだろうか。

いまではケアマネジメントも地域福祉も社会福祉を語るうえでは避けられない問題である。これらは社会福祉が下から市民が作り上げるものではなく、政府など上から制限や統制する役割を押し付けられ、機能不全にさせられてしまった典型的な実態であろう。

私たちに必要なことは、**現実社会とそこで息づく人々の姿を直視し、市民の望む社会福祉をこの手に取り戻す活動、いわゆる福祉政治の実現**ではないだろうか。

総体的に社会福祉に携わる者は、すでに自信を失い、政府や行政と権利を巡って争ったり、交渉することも苦手とする。そのためのアクションや代弁(アドボケイト)などの手法も忘れ去られている。

従来、社会福祉とは市民のニーズを制度化したり、当事者運動を牽引しながら共に連帯し、様々な権利実現を成し遂げてきた。歴史的にみれば、結核病患者、ハンセン病患者、重度心身障害者、生活保護受給者などケアを必要とする人々の脇には常にソーシャルワーカーがいた。

例えば、生存権裁判と呼ばれた朝日訴訟運動を率いた人物のなかに、医療ソーシャルワーカーの先駆者である浅賀ふさという人がいる。彼女は「個を対象とするケースワーカーが出合う問題の中には、多くの社会的レベルにおいて解決しなければならない問題がある」ことや「ケースワーカー(ソーシャルワーカー)こそ、社会政策への強力な発信者でなければならない」と述べている。当事者の抱える課題は社会課題そのものであり、だからこそ社会変革活動が必要であり、そのためにも連帯した運動が現状を改善に向かわせると知っている人物だった。

近年、制度の枠組みに押し込められ、理論と実践ともに厚みを有するソーシャルワーカーは日本には存在しなくなった。いまでは決められた制度の範囲内で当事者を包摂すれば問題ないように思われているからだ。

日常業務はそれで済んでしまい、逆に言えば、行政等への異議申し立ては不要なものであると認識されているかもしれない。むしろそれらの異議申し立てを伴うような事例は嫌悪され、忌避されるものである。

端的に言えば、福祉関係者は当事者に我慢を強いて何事もなかったかのようにやり過ごす役割を負っている。あるいはやりたくても自身の生活や事業者としての制約があって不可能だと思われているかもしれない。

そのようなものはもはや社会福祉と呼べるのだろうか。ここに私たちの問題提起がある。社会福祉はいま何を取り戻すべきなのだろうか。具体的に何をしていけばよいのだろうか。すべての人々が安心して暮らせる福祉社会にするためにソーシャルワーカーはどんな福祉実践をおこなうべきなのか。ぜひ本書を通じて一緒に考え、行動を起こしてほしい。

２　現在の社会福祉の課題は何か

ソーシャルワークの不在

社会福祉を実現し、人々を辛苦から解放する手法として、ソーシャルワークがある。このソーシャルワークの定義は曖昧模糊としており、どのような役割や機能があるのか、未だに論争が続いている。そのため、本章では子細なソーシャルワーク論は省略したい。

ソーシャルワークとは、一般的に何らかの生活に困りごとを抱える人々の相談対応やその方法と考えている人も多いかもしれない。実際に社会福祉士、精神保健福祉士などの大学の専門職養成カリキュラムでは、相談支援における援助技術論（ミクロ実践）を中心に学ぶ。人とどのようにコミュニケーションをとるか、どのように面接を展開していけるか、ニーズの把握方法はどうするべきか。

これらの様々な対人援助スキルを身につける内容となっている。専門職養成カリキュラムは、一面では正しさがあり、重要なものであり、すべてを否定することはできない。ミクロレベルの個人の相談を丁寧に受けられないなら、より深い福祉実践は不可能だからだ。

しかし、それだけではなく、その援助技術を活かして、個人の相談がいかにして生まれるのかを把握する必要がある。問題の震源地ともいわれる社会のシステム不全、社会福祉制度の不備、社会の価値観は何か、を探りながら、マクロレベルや社会システムに働きかける福祉実践をおこなうことが求められる。社会生活を営むうえで、その**生活課題とも言うべきものは、個人的な要因のみでは発生しない。**社会的な要因、すなわち**社会システムの何らかの不備や欠陥が個人に不適応を発生させる。**

だから、価値や倫理、社会福祉原理論などを踏まえた、どのように個人の問題をニーズ化するかという専門職としての養成プロセスが必要となる。問題の震源地を丁寧に解釈しながら、ミクロレベルにとどまらない福祉実践を明らかにするとともに、**社会システムへの変化を志向するソーシャルワーク**の必要性こそ強調したい。

その点では日本において、ソーシャルワークの養成は見事に失敗している。ソーシャルワーク機能を部分的に担う者はいても、社会変革を求めるアクションまでは届かない。社会変革をしなければ人々は苦しさから解放されないにもかかわらず、である。**人々の苦しさの広がりや制度の硬直化、社会保障の財源不足、福祉政治の未到達などはソーシャルワークの不在が起こしている問題**といっても言い過ぎではない。

貧困問題の広がり――貧困に起因する福祉課題の大量発生時代

本書第3章でも後藤道夫が指摘している通り、日本には貧困と格差が広がっている。年齢を問わず、地域を問わず、全国で生活困窮者が大量発生している。繰り返しになるが、個人的な要因ではなく、社会的な要因において、である。

例えば、企業福祉の枠外に置かれ、非正規雇用で働く人の割合がすべての労働者の約四割を占めるほど拡大している。若者は収入が低く、選択をしたくても結婚できずに少子化が進んでいる。日本はこれまで若年層や稼働年齢層に対して、社会保障や社会福祉を用意してこなかった。企業が、主に福利厚生や年功序列による男性稼ぎ手モデルを中心に福祉を提供してきたからだ。

しかし、これからは人件費を削減しながら経済成長を志向するモデルが確立しているので、雇用が不安定な人々はますます増えていくことだろう。そのなかで、若くても家族や親族の援助がない場合は、容易に生活困窮する事例がすでに出てきている。給料が低く、ボーナスもなければ、昇給することも期待できない雇用が広がっていることを考えれば、当然の事態といえる。

雇用の不安定さを加速させるということは、本来、社会福祉の対象者を拡大させることに他ならない。企業からも社会保障からも包摂されず、どこにも帰属意識や安心感を持ち得ない市民が増え続けている。これらのニーズを社会福祉は「対象外」として相変わらず、無きものとして見ないようにしている。

障害者も同様だ。昔から変わらず貧困に苦しんできた人々だ。日本の障害年金の給付水準は低く、年金だけでは暮らしていけない。家族や親族を頼らない限り、生活する術が乏しい。障害者の就労支援もわずかな工賃と呼ばれる作業所などで得られる収入しか保障できていない。徐々に障害者の賃金を保障しようとする新しい就労支援の動向が垣間見られてきてはいるが、全国に波及する効果的な実践には至っていない。

母子家庭などひとり親に対する支援も不足している。離婚や配偶者との死別後に支給される児童扶養手当も障害年金と同様に、それだけでは生活が成り立たない支給水準だ。子育てをしながら、働いて収入を得なければ暮らせない。ここでも家族や親族の扶養や支援が求められる。

高齢者も深刻である。国民年金の支給水準も他の制度と同じく低い。シルバー人材センターなどで高齢者の就労支援もおこなっているが、働かなければ生活が成り立たない高齢者は後を絶たない。そのような高齢者は、病気を有したり、介護が必要な状況になれば、途端に生活保護基準以下の可処分所得になってしまい、生活していけない。周囲を見渡してみれば、そのような生活困窮者は、膨大な広がりを見せており、今後もとどまることを知らない。

そして、生活困窮者は、支援や必要な所得が確保されないと様々な生活課題を生じさせていく。生活課題の内容は、家族関係の不和、慢性的な生活費の不足、多重債務、不安定就労、失業や解雇、心身の病気や障害、居住の不安定さなど多様である。それらの生活課題はそれぞれが複合的、重層的に絡み合って、さらに生活困窮の度合いを高めていく。

さらに、生活困窮をめぐる問題の根深さは、社会的孤立や社会的排除という課題ともつながっている。生活課題を抱えている人々は、周囲との関係性から疎外されていたり、家族がいなかったり、友人が少ないなど、問題解決に向けて必要な人間関係も希薄である。誰かに相談すること、助けを求めることができない環境がある。

社会福祉は、このような人々をインボランタリー・クライエント（問題解決に非自発的なクライエント）と呼んできた。自分たちだけでは問題解決が困難な状態に陥ってしまうという意味だ。

貧困や格差の問題は、社会構造が生み出すものであり、**社会構造を変革することがない限り、問題解決には至らないケースが多い。**そのため、クライエントが抱える生活課題は長期化・慢性化する傾向がある。そして、それらの人々が抱える生活課題は多様化してきている。これは以前から指摘されていることだ。

特に重要なことは、社会福祉が多様化する生活課題を抱える人々に対応できていない。少しずつアウトリーチやソーシャルサポートネットワークによって、様々な支援の試みが始まっているが、ミクロレベル（個別援助レベル）の領域を超えることは極めて難しい。

「共助」による社会福祉の危険性──「地域」への丸投げと安上がりの福祉

また、近年の社会福祉の特徴は、NPO、自治会、社会福祉協議会、企業など、地域の支えあいによって、生活困窮を未然に防いだり、貧困から脱却する手伝いをしてもらうというものだ。このように近年の社会福祉は、生活保護受給世帯への支援など国がおこなうべき給付、いわゆる「公助」を削減し、地域の絆や支えあいなどを活用した「共助」へとシフトをしてきている。

二〇一五年より施行された生活困窮者自立支援法は、その典型的な政策であり、生活保護予算である「公助」を縮小し、その予算を地域の支援者に配分して「共助」を強く求めていく傾向がある。

近年流行しているいわゆる子ども食堂をめぐる動向も同じである。NHKの報道(二〇一八年四月三日)によれば、低所得や生活課題がある世帯の子どもたちなどに、食事提供を行う子ども食堂が全国に二二〇〇カ所も広がっている。第一義的に子どもの貧困に対応する政府の役割は後退し、予算が乏しいボランティアがそれを代替するという脆弱な取り組みに頼らざるを得ない実態だ。

社会福祉ももともと地域の篤志家やボランティアが自発的に始めた取り組みが制度化し、システム化していった歴史的経緯はある。ただし、それらは社会問題としての構造を理解したうえでの意識的な要求行動も同時になされていた場合である。福祉実践が単なる政府の下請け機関、劣化した生存権保障と化してはならないはずだ。

そもそも、なぜ子どもの貧困は生まれてくるのだろうか。間違いなく**マクロ政策と呼ばれる社会保障や社会福祉制度の不足でしか説明がつかない事態である。**いわゆる「公助」領域の不足である。この充実なくして貧困や格差、生活困窮の問題は改善しない。しかし、相変わらず「共助」で何とかなるのではないか、公的責任を縮小していきたいという思惑が垣間見える。これ以上、「公助」が縮小してしまったら、社会福祉や社会保障が身を潜める。そうなると、貧困や格差によって、さらに様々な社会問題が加速する。そして、早期発見・早期介入が不足することによる将来的な予算の増大が見込まれる。

福祉関係者は、昔からこのマクロ政策に関与することが苦手である。ミクロレベルの福祉実践は得意で、相談支援や場当たり的な救済ができても社会福祉政策をどうしたらいいのか、見当もつかない場合がある。社会福祉制度や社会保障を改善するしか方法がない場合であるにもかかわらず、どうしたらいいかわからない。

「共助」を持ち出されると、国の思惑とは裏腹に、福祉関係者への期待だと勘違いして、喜んでしまうことすらある。実際に生活困窮者自立支援法を疑うことなく、全面的に事業委託をおこない、社会福祉の向上に寄与しようという動きは全国各地ではじまっている。前述の子ども食堂の実践に限らない。この疑いなくおこなう福祉実践が極めて危険だ。

「公助」を求めることなく、容易に「共助」＞「公助」政策に賛意を示してしまうとどうなるだろうか。結果として、公的責任は縮小する。国が社会福祉に責任を持たなくなる。憲法一三条や二五条で、社会福祉の原理が高らかに宣言されているにもかかわらず。

だから、長期的には生活困窮者やクライエントを苦しめ、抑圧することに加担してしまうことが予想される。このような「福祉関係者の困惑」は、マクロ政策のレベルにとどまらない。様々な場面で、社会福祉の原理・原則を切り売りして、社会福祉の存在を貶め続けている。

要するに、あってはならないスピードで、「公助」を軽視し、「共助」と呼ばれる政策に潮流が移行している。これまでの先輩が大事にしてきた「公助」を重視する社会福祉の根幹が忘れ去られようとしている。本当にそれでいいのだろうか。ここに並々ならぬ危機感がある。

ここでは「共助」や「公助」の範囲、程度について、学術論文でもないので詳細については触れないが、本書第2章の渡辺寛人の論稿と併せて、問題点や意識を共有していただきたい。

社会福祉の存在自体が差別を助長する構造

社会福祉と聞くと深く知らない人々は「優しいイメージ」「包み込んでくれるようなイメージ」「笑顔があふれるような温かいイメージ」「ホッとするようなイメージ」など、いろいろな感想があるかもしれない。

社会福祉法人やＮＰＯ法人では、ホームページやパンフレットを作成し、高齢者、障害者、児童など対象となる方の笑顔とともに、相談支援の様子が掲載されている。どのような相談にも適切に対応してくれて、温かく支援の手を差し伸べてくれるように思えてしまう。

しかし、社会福祉は優しくない。冒頭の殺人事件や様々な事件が発生する最前線の現場である。そして、基本的には冷酷にクライエントに対し、様々な理由をつけて支援システムから排除さえする。

例えば、生活保護制度を扱う福祉事務所では、「水際作戦」が横行している。生活困窮者や要保護者が支援を求めて、福祉事務所を訪れても生活保護申請をさせないように、様々な理由をつけて追い返そうとする行為だ。当然ながら違法行為だが、生活保護制度を熟知していない多くの生活困窮者は、泣き寝入りしてしまう。場合によっては生活困窮者が餓死や孤立死に追い込まれてしまうことも繰り返されてきた。寺久保光良による『「福祉」が人を殺すとき』（あけび書房、一九八八年）でのネーミングと告発は秀逸である。

また、特別養護老人ホームなどの高齢者施設では、人手不足などを理由として、多くの入所者の自由を制限せざるを得ない事態が続いている。外出が制限されたり、好きな生活が制限されたり、画一的で一体的な日常生活プログラムが提供されている。プライバシーを侵害するような複数人が同じ部屋を利用するケースもある。障害者施設でも同様だ。

社会福祉協議会は地域福祉実践をおこない、一般的にはその地域の特性に合わせた福祉サービスの提供をおこなっている。また、地域のボランティアや福祉事業者と連携し、地域組織化を図りながら、地域住民が住みやすい環境をつくっていく事業を展開している。ただ、社会福祉協議会の福祉実践も権利侵害を起こすケースが散見されている。

その一つに、低所得で困っている地域住民向けの生活福祉資金貸付事業がある。この事業では、貸付け対象になるか否かを判断し、支援決定を行っている。裏を返せば、支援決定しなかった人々に対しては、支援が行われないといってもよい。都合のよい、あるいは支援に乗りやすい対象を選別して関わり、あとは排除しているといえるだろう。

病院に勤務する医療ソーシャルワーカーは、医師の決定に基づき、退院後の生活支援や環境調整をおこなう仕事をしている。この場合もクライエントの実情やニーズではなく、病院側の都合で、退院先や日時、居住場所を決定されるケースもある。病院から福祉施設へ移行した患者は本当にその施設に移りたかったのか、在宅ケアは選択肢になかったのか、十分な説明責任を求められることなく、転院・施設入所を決められていく。

精神科病院では、社会的入院と呼ばれる長期入院患者が極めて多い。イタリアなど欧州では、社会的入院は過去の問題になろうとしている。精神障害者を入院させ続けることは、それ自体が権利侵害であるとの社会的合意がなされ、その対策が取られていることは周知の事実だ。日本の遅れぶりはひどく、もはや目も当てられない実態が広がる。二〇一八年二月三日放送のNHKによるETV特集「長すぎた入院　精神医療・知られざる実態」が詳細を映し出している。

このように、冒頭のような殺人事件や虐待、権利侵害としては認知されないまでも、抑圧的な社会福祉が一般化している。私たちが何気なく、**よかれと思って行っている福祉実践が様々な権利侵害や社会的排除を含んでいる**ことに気づいておかないといけない。本書を読み進めるうえで、この認識は必要不可欠だ。

福祉労働現場の実態

このような権利侵害ともいえる福祉実践をおこなう社会福祉は構造的な問題を抱えている。まず、福祉労働は三年働き続けられる人もいないほど、離職率の高い職場である。今野晴貴らによって「ブラック企業」という用語が社会的に認知されているが、**社会福祉の現場の多くが「ブラック企業」化**している。

特に二〇〇〇年の社会福祉基礎構造改革以降、福祉実践の現場に組織運営論、効率化、官僚主義、マネジメントが執拗に持ち込まれ、成果主義がはびこっている。費用対効果を考え、効率性を優先する福祉実践が求められている。

離職率の高い福祉実践の現場の理念として掲げられているものは、利用者中心、お客様第一というものだ。「ワーカーや支援者を第一にしろ」とは言わないが、安心して働ける環境がないのに、利用者中心も何も不可能だ。そして、福祉労働者の代わりも残念ながら福祉系大学、専門学校の卒業生を中心として、いくらでも掃いて捨てるほど存在する。だから、いつまでも、ワーカーや支援者を大事にしない組織が存続できてしまうことになる。

普通に考えれば、このような組織には労働者は入職したくない。しかし、自分が勉強してきたことを活かしたい、社会福祉の仕事は素晴らしいと思って入職する場合、この負のスパイラルは終わらない。

例えば、現在の保育所や障害者施設、高齢者施設などに共通して言えることは、よいサービスを提供しようとしたら、必然的に残業や長時間労働を強いられる。これは多数の労働相談によっても確認されている事実だ。

要するに、**権利侵害か否かを考える余裕もないほど、ワーカーや支援者自身が追いつめられている職場環境がある。**さらに、その問題点が賃金の安さや制度上の欠陥である場合は、社会構造に変革を求めなければならない。これは非常に継続的で長期的なパワーを要することだ。

今の社会福祉は福祉労働者がクライエントの問題以前に、自分たちの労働問題を含めた働き方を変えなければ成立しない。だから、社会構造の変革を伴うような複雑で困難なことへ積極的に取り組もうと思えない現場が増えているのは必然でもある。ワーカーや支援者が平穏に何事もなく、日々を過ごしていくことに必死で、クライエント不在の福祉実践をしがちになる背景は、端的に労働者の働く環境が十分ではないからだろう。安上がりなワーカーの大量生産がクライエントの悲惨な支援実態を生んでいる。

3　社会福祉の価値と理念──「社会」を取り戻す実践をするために

社会福祉の現場で働くということ

　では福祉関係者は何から始めたらいいのだろうか。まずは**ワーカー自身が生きている社会について知ることが大事**である。なぜ生活ニーズを抱える人々が社会構造から生まれてくるのか、ということに始まり、なぜ社会福祉が存在するのか、なぜ社会保障を利用して人を支援しなければいけないのか。また、どうしてクライエントが後を絶たずに相談にやってくるのか。これらの**社会構造を理解する必要**がある。

　社会福祉の現場で働くということは、このように社会について、必然的に考え続けることだ。考え続けない限り、ワーカーの支援は部分的で一時的なものになる。日々の多忙な相談対応、いわゆるミクロレベルの福祉実践のみに呑み込まれていくこととなる。

　生活保護受給世帯など低所得世帯の子どもたちは、教育支援が十分でないために、卒業後に安定した就労先が見つからず、生活困窮や貧困から生涯抜け出せない。生活保護世帯や低所得世帯に生まれたというだけで、ハンディキャップを背負いながら生きていかなければならない不平等さを社会は未だに改善できていない。いわゆる子どもの貧困の連鎖である。

　その子たちが社会に出て、貧困に苦しんでいたとしても、十分な職業訓練や所得保障があるわけでもない。事前にそのような状況が生まれることが容易に予測されているにもかかわらず、対応が取られていないために、生活課題が長期化・慢性化し、社会福祉の対象者となって、ワーカーのもとへ相談に来る。

子どもの貧困は親の所得の低さや女性の貧困、公的な支援の不足といった社会構造の問題であることを如実に表している。だからこそ、ボランティアによる子ども食堂や子どもへの学習支援が最優先で必要なのではない。**最優先で取り組むべきことは社会構造の変革**であると強調している理由だ。

社会福祉の現場で働くということは、社会の矛盾や弊害、あるいは対応の不十分さに気づくことでもある。そこに気づき、改善を求めない限り、クライエントを社会福祉が用意した枠組みの中に押しとどめるだけである。社会変革や社会システムの変化をもたらさずに、延々と将来的な**クライエントを生み出し続けることに加担してしまう**ことになる。

クライエントの状況を改善するために、社会変革を促すことはワーカー自身の待遇を向上させることでもある。社会構造がクライエントの困難を生み出している以上、そこに働きかけなければ、ワーカーが暮らす社会も住みやすくならない。要するに、クライエントを他者化するのではなく、**自分の生活の延長線上にある問題**としてとらえないといけない。

ワーカーは、クライエントを含めた私たち自身の社会を見つめるという仕事を通じて、より生活をしやすくしていく役割がある。だから、社会福祉の現場で働くことは、素晴らしいことでも優しいことでもない。**市民として、社会のありようを考え、行動する**ということだ。社会福祉に優しいイメージや何かをしてあげるイメージがあるなら、その幻想をまずは排除し、冷静に社会に働きかけ続けることができるか判断してほしい。

そして、一人の尊厳ある人間を支援するということ、社会に関わり続けるということは、誰のためでもなく、自分自身や周囲の人々を巻き込んだ福祉実践である。なぜ社会福祉が持続可能なシステムになっていないのか、ワーカーが働きやすい職場にするためにはどうしたらいいのか。すなわち、ワーカー自身が社会とどう向き合い、どこに立って生きるのか、あるいは社会とどう向き合っていくのかを考えて行動する福祉実践が社会福祉でなければならない。

クライエントの抱える問題を個人的なものに矮小化しない

クライエントが抱える生活課題の解決を目指すためには、**社会構造が生み出している側面にアプローチしなければならない**ことを指摘してきた。各クライエントの状況をアセスメントしていくと共通する課題に気づくことができるだろう。同じではないが、似たような生活課題を抱え、その解決策も似ているというクライエントの存在がある。

生活費が足りないために、借金を多く抱えていて、多重債務となり、弁護士を通じて自己破産手続きを支援するケースがある。ミクロレベルでは、弁護士を探し、事情を説明し、一緒に法律事務所へ同行して、支援を開始することになるかもしれない。ただし、当然だが、法律的な支援に結び付けるだけでは生活課題は解決しない。そのクライエントがなぜ収入が足りなくて借金を重ねてきたのか把握する必要がある。

ここで注意してほしいことは、**社会福祉制度や社会保障がクライエントにどのような接点を持っ**

度である。

たかである。社会福祉協議会では生活福祉資金という制度があり、原則無利子で生活費を貸し付ける事業を展開している。また、生活保護制度は日本で唯一、無期限の給付型所得保障をおこなう制度である。

貧困に対応するためには、給付型の所得保障が有効であることは明らかであるが、その制度はなぜ利用されなかったのか検証しなければならない。クライエントに情報がいきわたっていないため、知らないことがあるかもしれない。あるいは一度、社会福祉協議会や福祉事務所へ相談に訪れているが何らかの理由で制度利用に至っていないかもしれない。

では具体的に情報がクライエントにいきわたっていない場合はどうするか。同じような生活課題に苦しんでいる人々を想定して、広報をしてもらわないといけない。社会福祉協議会や福祉事務所へどのようなアプローチが必要だろうか。あるいはワーカーが自ら、様々な情報媒体（ホームページやブログ、ツイッターなどのSNS）を利用し、少しでも同じような潜在的なクライエントへ情報発信することが求められるだろう。

一度、相談に行っているにもかかわらず、制度利用や生活課題の解決に至っていない場合はどうしたらいいのか。これについては、柔軟で円滑に制度運用をしてもらえるように、各相談機関へ働きかけないといけない。同じように相談に訪れた人々が似たような理由で、支援の枠組みから漏れてしまうことが今後も予想されるからだ。いくら充実した社会資源があっても、利用できないのであれば意味がない。社会資源が有効に機能するように、社会資源を「再資源化」していく取り組みが必要だ。申し入れや要望書を提出したり、一緒にケースカンファレンスをしたり、クライエントの代弁をするなど、ワーカーが行わなければならないことはいくつも存在するだろう。

このように、**一人のクライエントから様々なことを考え、行動することを続けていく中で、自然と地域全体に目を向けることになる。**そうなると同じような生活課題を抱える人々の共通するニーズが把握できるだろう。そして、それらの地域課題は全国レベルの課題であるともいえる。全国の仲間と連帯して**社会福祉全体の課題として取り組まなければならない。**

社会構造を意識して批判的に考察する

そのような地域課題や社会福祉制度の課題をどのように把握すればいいのだろうか。まず前提となる基礎的なワーカーの視座として、重要となってくることは、**①社会構造を意識する、②社会福祉制度を批判的に考察し続けること**である。

①「社会構造を意識する」とは、クライエントを生み出す社会を理解し、**社会がなすべき対策は何かを考えること**である。例えば、ワーキングプア（働く貧困層）と呼ばれるクライエントがいる。働いても収入の低さが背景にあるなら、雇用や労働問題に関与しなければならない。クライエントが非正規雇用に就いており、その働き方が長年続いている場合、労働法制の議論に関心を寄せなければならないだろう。

そのような働き方はどれだけ広がっているのか、今後の社会はどうなるのか、福祉実践の場から考えていくことが求められる。労働問題が貧困や社会福祉と無関係のわけがない。しかし、意外にも福祉関係者は社会を理解することに極めて疎い。物事の関連性に思いが寄せられない。「社会福祉」ではなく、「福祉」になってしまっていると言わざるを得ない。

社会福祉を概観した場合、労働組合や労働者組織との連携や社会資源がほとんど見られないこともその証左である。社会に関心を寄せてほしい。すべてはつながっていて、ワーカーのもとに生活課題を抱えたクライエントとして現れてくるので、無関係なニュースや社会の動向は何ひとつない。

② 「社会福祉制度を批判的に考察し続ける」とは、それらの社会の動向を理解したうえで、社会福祉制度がどのような役割と機能を果たしているのか、検証や分析をしていく必要がある。そして、大事なことは**社会福祉制度を批判的に考えること**だ。当たり前だが、社会福祉制度は完璧ではないし、改善の余地がいつまでもあるものだ。**時代や地域に応じて、社会福祉制度も変えていかなければならない。**そのためには、何が良い部分で、どこを改善する必要があるのか、クライエントの視点で考察してみることである。

例えば、介護保険制度がある。介護保険制度は、簡単にいえば、高齢者などから保険料を徴収し、要介護高齢者を中心にサービス提供をおこなっていく制度だ。しかし、要介護高齢者になってからサービス提供をおこなうよりも、介護予防が大事だと言われている。早期発見・早期介入が大切だが、介護予防にとられる予算は削減される傾向がある。そのような社会福祉制度を批判的に見ながら、制度はどうあるべきなのか、ワーカー自身の視点を有する必要がある。

相談者が来て施設利用となれば、利用料金が徴収できるから福祉経営の面から見れば良いことだろう。どの福祉経営の現場も**市場の論理に支配**されてしまい、ニーズよりも金銭的な価値に重きを置いて支援体制を整備せざるを得ない。まさに**「この人を支援したら儲かるのか否か」が判断材料になる。**しかし、社会福祉の本質的な部分では、生活課題を有する人々を減らし、将来の対象者を縮小するアプローチが必要である。端的に言えば、**相談に来なくてもよい社会構造を作ること**にある。

実はこれら二つの視座があって初めて、社会を変えるためのソーシャルアクション（社会活動法）の意義や重要性が理解できるようになる。現在の社会のあり様や社会福祉制度の状況を肯定的にとらえ、その既存の枠組みの中だけで考えていれば、気づきは足りない。そのため、二つを欠く福祉実践をする限り、クライエントの生活課題の本質的な解決には至らない。

どうしたらソーシャルアクションという行動に結び付けることができるのか、その手前の議論や手続きの解説は少ない。だから、どのワーカーもソーシャルアクションなどできない状況にある。社会福祉専門職の養成課程の課題でもある。このソーシャルアクションについては後述する。

差別と抑圧の構造を理解する

もうひとつ重要な点は、差別や抑圧の問題だ。私たちは普段、差別を意識することはほとんどないかもしれない。ましてや、「人種差別（レイシズム）」は日本に存在していないと思っている人も多い。さらに「私は差別主義者です」と言う人はいない。しかし、実際には、ほとんど全ての人がなんらかの形で差別意識を持っている。それにもかかわらず、私たちは差別についてほとんど意識することがない。どうして、私たちは差別について考える機会をほとんど持たないのだろうか。

実は、差別について考えたことがない、あるいは考える必要がない、ということ自体、私たちが**差別をしている側に立っていることを**意味している。差別意識を自覚することができなければ、差別意識にもとづいた差別行為も止めることができない。だから、悪意はなかったとしても、結果として**クライエントを差別し、抑圧的な関わりをしてしまう**ということは十分にあり得ることだ。

例えば、なぜ精神障害者の多くが再三人権侵害だと指摘をされる長期間の社会的入院を強いられなければならないのだろうか。障害者施設に入れられて集団生活を送らなければならない理由は何か。要介護高齢者はやはり施設入所しなければ生きていけないのだろうか。児童養護施設に入れて保護したら「家庭の代替」と言えるのか。生活保護受給者の生活は健康で文化的なものになっているといえるのだろうか。なぜホームレスが路上で寝ているのだろうか。

社会福祉の現場を見てみるだけで、**多くの差別や抑圧に福祉関係者は目をつぶるか、仕方がないことだと黙認してきた歴史的な事実がある。**

とくに、相談現場に訪れる人たちは、この社会の中でなんらかの差別や抑圧を受けているケースが少なくない。ときには、クライエント自身が、差別や抑圧の論理を内面化していることもある。だからこそ、私たちワーカーは、差別について敏感であらねばならない。差別意識に自覚的になってはじめて、差別を生み出す抑圧的な社会、福祉制度を変革していく可能性が生まれてくる。

ソーシャルワークの原理――「優しい暴力」に陥らないために

福祉実践には、差別や抑圧が無意識に内包されていることが理解できる。社会福祉が提供する支援枠組みや構造自体がそもそもクライエントの自由を抑圧し、何らかの権利を制限したり、差別している。このことに自覚的でなければならない。私たちはクライエントを抑圧している。私たちはクライエントを差別している。

そこが出発点であり、その差別構造や社会構造を含めて、考えて行動することが求められる。一見すると、クライエントの福利のために福祉実践をしているようで優しい側面を見せるが、**社会構造に働きかけることをしないのであれば、それは一方で暴力性を容認すること**になる。このワーカーが抱えやすい現実を**「優しい暴力」**と表現したい。優しい暴力は、多くのワーカーが今もクライエントに振るい続けている暴力だ。

社会構造の問題ではなく、個人的な問題として理解し、現在できる範囲で支援しようとするときに、「優しい暴力」は発生しやすい。要するに、**「優しい暴力」とは、「社会の抑圧構造を理解していない福祉専門職が意識的あるいは無意識的に起こすクライエントのニーズ軽視や無視、不十分な支援を前提とした押さえつけ」**だといえる。

「認知症高齢者は地域生活ができない」、「人手が足りないから外出を制限する」、「生活に困ってしまう理由は本人にもある」、「受け入れ施設がないのだから環境が不十分でも我慢してもらおう」など、ワーカー側が理由をつけて、不十分な支援枠組みの中で福祉実践をおこなっている。そんな暴力的な場面を嫌というほど見てきた。

地域生活できない理由は、在宅介護における制度的な不足があるのではないか。人手が足りないということは、職員配置基準や賃金不足、人材養成課程などに問題があるのではないか。そもそも生活に困ってしまう理由に、経済や雇用の状況はなかったか。クライエントに提供されたこれまでの教育や居住環境、医療などは適切だったといえるのか。安心して暮らせる環境が社会にないのであれば、社会の側はクライエントに環境を提供していくように、努力をしてきたのだろうか。

社会に改善の余地を残しておきながら、そのなかで支援体制を構築しようとしても困難であるし、将来的なクライエントは減らないと指摘してきた。この構造自体を変えるようにワーカーが意識して取り組むことが、よりよい福祉実践を提供していくことになると信じている。

４　対抗する福祉運動が社会変革を実現する
――ソーシャルワーク実践の変革戦略

ソーシャルワーク実践における権利擁護

では福祉関係者やソーシャルワーカーは具体的にどのように社会福祉を再興していくべきなのだろうか。以下に筆者の福祉実践も含めて取り組みの一端を記述していきたい。

まずは**生活問題の改善には多方面に同時並行での異議申し立てが必要不可欠**だ。社会福祉の現場に照らして言えば、アドボカシーともいえる。当事者の代弁行為である。権利保障の必要性を伝え、どのような処遇を国家や自治体に権利として求めていくのか、ということだ。

アドボカシーとは「代弁者が本人のために、本人に代わって意見を述べること」（メレディス一九九七を参照）とされているが、実際には**代理人や代行主義に陥らず、当事者とともに声を上げること**である。

近年流行している社会起業、ソーシャルビジネスの一部は、事業者が事業を起こすことによって、「社会を変えることができる」として、当事者にサービスを提供している。これを権利擁護だとする志向もあるが、根本的に誤りだ。

やってあげること、してあげること、は権利擁護ではなく、代行主義であり、本質的な問題解決にたどり着かない。**弱くさせられている当事者の権利擁護を通じて社会を変えていく運動を展開すること抜きに社会は変わらない。**

ひとりひとりのクライエントのアドボカシーを「ケースアドボカシー」と呼び、ソーシャルワーカーがおこなうミクロレベルの福祉実践の主要な役割である。何らかの権利侵害や生活課題を有している者に対し、ケースアドボカシーを通じて、福祉制度の柔軟運用を求めたり、交渉によって支援を導入する。ここまでは実践可能なワーカーが多く存在する。

その**ケースアドボカシーを積み重ねるなかで生活課題やニーズの共通項が導き出される。**共通項を有する人々、すなわち同じような状況にある人々への権利擁護が「コーズアドボカシー」であり、組織や企業、集団、地域社会のなかで権利擁護を有する集団として現れてくる。

例えば、筆者の実践現場で蔓延する生活保護制度の利用がしにくいという問題がある。日常的にクライエントに同行して、福祉事務所における生活保護の水際作戦や不適切な対応を是正するためにケースアドボカシーを展開している。当事者の権利保障を求める具体的な行動である。

さらに、それらの人々を生み出し続けないために、福祉事務所の業務改善や生活保護制度の柔軟な運用を求めて、厚生労働省、政府にも働きかける。生活保護制度を受けにくくする偏見や差別を助長する世論、市民社会に対してもコーズアドボカシーを展開する。**生活困窮者や生活保護受給者という集団の権利擁護**は現在進行形で必要な取り組みだ。

あるいは非正規雇用の労働者が生活相談に多数やってくる。労働組合を通じて、給与や処遇改善を企業に対して求めていく（ケースアドボカシー）が、本質的には非正規雇用という雇用形態や政府の進める労働法制に対し、システムの改善を非正規労働者たちと求めること（コーズアドボカシー）や労働組合の組織行動も行わなければならない。

労働問題を扱う組織との連帯（本書第４章（今野晴貴）参照）が必要な理由がお分かりいただけるだろう。若者の貧困における生活相談と支援は、労働組合などを巻き込んだ組織（アソシエーション）の拡大を伴いながら、是正を促していくだけでなく、人々の社会規範や世論にも働きかけて変化を促していく。下からの権利要求の運動体の果たす役割とソーシャルワーカーが関与する意義がここにある。

この権利擁護の積み重ねで必要なものが、人と環境をアセスメントして、**問題の所在を明確化することである**。これは人―組織―社会とのつながりや関係性を把握し、ミクロ―メゾ―マクロとも呼ばれるソーシャルワーク実践の専門性であり、固有性である。人だけが問題を起こしているのではなく、周辺の環境が相互に影響しあいながら、生活課題は生み出されるがゆえに、その接点（インターフェイス）に介入する。

「政策」や「制度」を乗り越えるための実践論

ゆえにソーシャルワーカーは制度、政策に介入する必要はあるが、それが目的ではない。むしろ、どれだけ制度や政策が拡充しても様々なニーズを抱える人々が現状から解放されることは稀である。ましてや、先人がつくってきた社会福祉制度が当事者を差別し、抑圧するシステムになっていることは前述したとおりである。

繰り返しになるが、**権利要求が重要であり、制度や政策を変化させることが主目的であってはならない。権利要求の運動体が力を有していけば、副次的な効果として、それらの権利要求に応える形で制度や政策の編成や改変が行われていくのである。**だからこそ権利要求の対象、ターゲットは政府や行政のみではない。

制度や政策は人々の意識や社会規範など多様な要素によって形成されている。だからこそ、上から制度や政策だけを変えても人々が救われることはない。単独の**政治家、官僚が社会福祉制度を良くしていけるということも基本的にはあり得ない。**

あくまでミクロの現場に接し、アソーシエイト（組織化）し、メゾやマクロに働きかける繰り返しの実践、拡大・再生産が重要である。筆者らはＮＰＯ活動を通じて、既存の福祉制度の限界を感じ、その枠組みではニーズを充足できない人々の権利擁護に取り組みながら、運動体を形成してきた。

当事者と声を上げながら人々を組織化して、社会資源の創造をおこない、シェルターやグループホーム事業を展開し、結果として法律の成立や条例制定を促してきた。

二〇一五年に政府が施行した生活困窮者自立支援法をみてみよう。本法は貧困が拡大し、生活困窮者が増加しているので、早めにその対応をする目的で成立した。筆者も政策成立過程に関与してきたし、ソーシャルワーカーが求めてきた政策である側面は否定しない。

しかし、二〇一九年現在、その法律によって生活困窮者が減ったり、必要なサービスを提供できたり、ニーズを抱える人々の所得が上がったりして、本質的な課題が解決しているわけでもない。立法がなされたとしても、**社会運動の要求のレベルでしか、制度や政策は私たちに応えない。**

高齢者福祉における介護保険やケアマネジメント、子どもの貧困対策法も同じである。制度や政策を創設、改変すれば人々の暮らしが向上するわけではなく、むしろ為政者に社会福祉を提供しているという「口実」を与えるようなものだ。政策を変えれば人々が救われる、というようなものではないことに注意し、制度主義の魔力や引力に引き寄せられないで、地に足の着いた実践を志向しなければならない。

制度主義に対抗する力を得られるかどうかは、常に個別支援を通じた組織化、アソシエーション、運動体の形成を促せるか否かにかかっている。

これは現在の狭小な福祉実践を根本部分から変えなければ展開は難しい。社会福祉は高齢者福祉を中心にして、要介護高齢者などの周辺のニーズのみを抽出し、障害者領域は障害を有すると立証できる対象者のみを抽出して、支援対象化してきた。福祉的な支援は金銭的な対価を伴う形で成立している。支援しても金銭的に報われないニーズは社会福祉対象から疎外されるようになった。

今ではデヴィッド・グレーバーが指摘するように、社会福祉関係者の大多数が福祉システムのなかに巣くう官僚そのものである。社会福祉は私たちが食うための官僚機構であり、ユートピアとして機能するだけでよいのだろうか。だからこそ現在の社会福祉は存在意義を見失っていると繰り返し強調している。

理論的にもW・J・リード、L・エプスタインによる課題中心アプローチにおける計画的短期処遇、プラグマティズムを志向する社会福祉の近年の弊害が顕著である。そして、二〇〇〇年以降のケアマネジメントの席巻による悪影響は計り知れない。

これらにより、権利擁護は曲解され、福祉サービスへの導入やコーディネートなど、ミクロ実践のみがソーシャルワーカーの主要な役割と化してきた。それを政府はケアマネジメント、地域福祉、地域包括ケアシステムなどという言説を用いながら、不足する福祉予算のさらなる縮小や統制の道具として巧みに活用し続けている。

それによって支援をしても給付や支援の質量が足りず、生活課題の改善に結びつかない膨大なクライエントを生み出し続ける結果を招く。「ソーシャルワークは統制の道具か、抑圧からの解放を促す道具か」という議論を展開する必要性を有する。イアン・ファーガスン、サラ・バンクスらの「ラディカルソーシャルワークの創造、再検討」の文脈は、今の社会福祉の再興の議論にこそ有益で必要不可欠だ。

社会規範を変化させること、社会に働きかけることの意味

抑圧を強いる社会に対してはどのように働きかけていけばいいだろうか。ソーシャルワーク実践におけるクライエントは、社会や制度が生み出しているにもかかわらず、「自己責任」という言説が流布されている。

後藤道夫が述べる社会保障解体の現実（本書第3章）や木下武男のいう雇用崩壊や労働市場の劣化（本書第5章）があるにもかかわらず、人々は**「悪いのは自分自身だ」と内面化しながら生きている。**また、福祉関係者も同様だが、無力化させられ、**何をしても現状は変わらないという諦念に支配されている。**

より大きな視点で見れば、企業による一次分配としての給与や福利厚生が低く、内部留保の増大や労働条件の悪化を招いている。社会保障給付の原資である所得税の最高税率も以前よりもはるかに低く政策的に抑えられている。カール・マルクスによる「資本論」をひくまでもなく、資本家に甘く、労働者には極めて厳しい社会情勢がある。

資本家を中心に社会構造がより労働者や福祉対象者に厳しさを求めるようになっている。市場や資本家の論理が極めて強大になり、人々の生活全体や社会規範にまで影響を及ぼし続けている。**財界や経済界への「敵対性」を意識した運動**がなければ、犠牲は増すばかりだという認識は共有したいところだ。

財政社会学者の井手英策らが分断社会と称するくらい、低所得者同士で敵対させられ、市民間の分断線が至るところに生じている。**「資本家VS労働者」というような、いわゆる階級闘争の場面で**

しか生じなかった「**有用な分断**」ではなく、「**有害な分断**」が**広範に見られる**ようになった。

社会の構成員が相互に連帯し、組織の一員として、社会変革に関わる運動に関与することもイメージできなくなっている。労働組合に限らず、「共助」が強調されるにもかかわらず、自治会活動や地縁組織も活動は低迷を続けている。だからこそ、各地で仮想敵を生み出し続け、それらを蹴散らせば社会が良くなるというような幻想にも支配されがちだ。

世代間の分断も著しい。若者の厳しい労働環境や劣悪な雇用が高齢者や社会的弱者を追いつめる言説を生み出し続けている。筆者が二〇一五年に『下流老人』(朝日新書)という言説を用いて、苦しい高齢者の姿を描き出したのも、「そうではない」という社会に対する働きかけのひとつだった。

「下流老人」という言説は、資本家とそれらが作り出す社会システムへの敵対性を明確にするために用いている。「下流老人」は、貧困高齢者の問題に限らず、高齢者を支えられない家族の雇用環境の問題、低賃金の問題、社会保障制度における最低生活保障機能の脆弱さ、リスクを家族に負わせることの矛盾、少子高齢社会や人口減少社会の持続可能性の不足まで明らかにしている。

「下流老人」という言説を用いながら、将来の生活を直視してもらうことで、無関係だと思っている若者を運動の実施主体化していくことに寄与するだろう。この間の下流老人現象は高齢者に限らず、若者世代にも激震を走らせた。将来受け取れる年金受給金額の低さという衝撃と非正規雇用による厚生年金の報酬比例部分の低さなども明らかにしてきた。このままでは老後はヤバい、と率直に思ってもらい、どうしたらいいのか考える機会を提供している。

「下流老人」の言説も「ブラック企業」や「反貧困」などという言説同様に、社会の中の敵対関係を表現し、人々のアイデンティティを構成する。過去には「反貧困」という言説の下に人々が結び付き、政治的な勢力になっていった社会運動をわれわれは経験している。その社会運動が一定の成果を挙げつつも、多くの人々を継続的に結び付けられずに失敗した経緯も学んでいる。言説が、人々の情動に基づく敵対関係を変容させた一方で、限界性も感じ取った。

次世代の社会運動はこれらの言説を集結させながら、その相互関係を分かりやすく打ち出しつつ、戦略的に結合していくことも大事だろう。ブラック企業で働く人々はうつ病になる。うつ病になれば高齢の両親や家族が現役世代を保護し、扶養しなければならない。非正規雇用などの不安定な労働が拡大すれば、彼らの老後は当然に下流化していくという当たり前の結果を生む。

「反貧困」などはまさにこのような生活や労働における不安定さや生活のしにくさを総合的に明らかにしてきたが、「下流老人」もその一部として貧困対策の必要性を説明する言説になり得るだろう。これらの**社会への働きかけが有効に機能したときに制度や政策は自然と動きを見せ始める。**重要なのは、「政策論」ではなく「実施主体」そのものであり、われわれがどのような社会を構想して運動を構成するか、どのような社会的勢力を形成するか、によって社会のあり様が変化する。

「実施主体」としての福祉労働者の連帯

一方で、福祉関係者は概ね福祉労働者でもある。ソーシャルワーカーであると同時に福祉労働者である専門家は何ができるのだろうか。

実はこの**福祉労働者の連帯が新しい社会的勢力になる可能性**を有している。なぜならば、少子高齢社会とは市民の福祉需要が高まり、福祉労働者が増えていく時代だからである。実態として、景気が上向いていると言われても、介護・福祉産業の労働者(外国人労働者を含む)しか増えていない雇用状況がある。

ソーシャルワーカーが働く組織や法人は、さまざまな労働問題を含んだメゾレベルの福祉実践領域であり、ミクロレベルの利用者支援や生活支援と深い関連性がある場所であり、その場を構成するのはマクロレベルからの政策や制度、社会構造の要請に他ならない。

このメゾレベルの長時間労働や残業代未払いなどの職場改善を通じて、ミクロレベルの虐待事件防止や利用者支援のしやすさを生み出すことができる。さらにはマクロレベルの制度政策の不備と対峙したり、社会構造の問題点すら浮かび上がらせることになるだろう。

その点において、ソーシャルワーカーは福祉労働者であるという当事者性も活かす必要があるし、誰か知らない他者の問題ではなく、**自分自身の労働環境の改善を求めて、具体的に労働組合に加盟しながらアクションを展開する必要**がある。

福祉労働者は端的にいって人がいい。どれだけマクロレベルで介護報酬を低く抑えられても、メゾレベルで人員配置が常時不足する厳しい勤務形態を強いられても「仕方がない」「我慢するしかない」と耐え忍んできた。この忍耐はすでに限界を超え始め、各地で虐待事件や離職率の増加という現象を生み出し続けている。さらには外国人労働者の転用である。すでに**社会福祉業界が抱える労働問題は、ミクロレベルの利用者支援における質量を不足させる事態を発生させているのであり、**福祉対象者への**抑圧や差別的な対応を是認する実質的な力としても作用**している。

ソーシャルワーカーがミクロレベルとマクロレベルを効果的に意識し、メゾレベルの変革を促す社会的勢力を形成することは、大きな意味と可能性を有するといえる理由だ。

例えば、筆者も関わっている介護・保育ユニオンの実践は示唆に富んでいる。労働問題を抱える社会福祉法人や保育所の福祉労働者をユニオンに組織し、経営改革を迫ろうという戦略もあり、実際に長時間労働の是正や未払い賃金の改善に寄与している。福祉労働者の働きやすさは如実に福祉対象者へのサービスの質の向上に反映される。

社会福祉法人など福祉産業で働くソーシャルワーカーは、具体的な労働問題を抱えている。むしろ**労働問題を抱えていない福祉労働者のほうが少ないくらいだ**。この労働問題の深刻さを社会福祉業界は隠しつつ、問題がないように装っているだけである。

そのため、虐待事件が発生しても、設置された第三者委員会や検証委員会の結論は、研修体制の不備であるとか、職員の個人的な資質を問うこと、ストレスや負荷をかけないように工夫をすること等を挙げるのみで、本質的な労働環境や低処遇の問題には触れられない場合が多い。

先駆的な福祉実践を展開し、罪を犯した知的障害者への支援というマクロレベルの制度にも大きな影響を与えてきた社会福祉法人南高愛隣会でさえ、職員の低賃金や低処遇によって、虐待事件を多発させた。もはや**労働問題の是正に取り組まなければ、あるいは福祉労働者を社会勢力化しなければ利用者の生活や権利、生命が脅かされる事態は続く**だろう。

しかしながら、労働組合に組織されている福祉労働者は珍しく、職場に労働組合がない方が一般的である。これでは**福祉労働者の処遇も社会的地位も上がらないのは当然ともいえる惨状**だ。

社会福祉業界、日本社会福祉士会などの専門職能団体も幹部は施設経営者や管理職である。福祉労働者としてメゾレベルの業界や専門職能団体に対して、アンチテーゼを提示する労働組合やユニオンこそ、今現在求められている具体的な取り組みである。

端的に言えば、まず**福祉労働者は労働組合を通じて組織化（アソシエーション）、連帯をするところから始めよ**、ということだ。

ソーシャルアクションという社会変革のための福祉実践

最後に、ソーシャルアクションについて触れておきたい。ソーシャルアクションとは「人権と社会正義をよりどころにし、社会的排除・抑圧の問題を解決するために、社会的弱者・地域住民・個人・集団のニーズに応えて、当事者・家族・市民・コミュニティなどと連帯し、一般市民の意識を喚起しながら、社会福祉関係者や多種多様な専門職とも組織化し、国や地方自治体など行政や議会などに働きかけて、法律・制度・サービスの改善や拡充や創設を求めたり、新たな取り組みを展開したりする、ソーシャルワークの価値と倫理を根本とした活動実践や運動あるいは援助技術である」（根津二〇一四、二一二頁を参照）。

ただ、**残念ながらこの定義に基づく実践をしている福祉関係者は皆無に等しい**。そもそも本書もその問題点から出発している。

これまで見てきたように、社会構造を意識してみることと、社会福祉制度を批判的に見ることを前提として、初めて社会変革の必要性を実感することになる。**ミクロレベルの福祉実践だけでは、**

生活課題の改善は一部にすぎない。

そのような前提を理解したうえで、福祉関係者はどのように行動を起こしていけばいいのか。社会変革をどのように巻き起こしていくのか。実は多くのソーシャルワーカーがこの時点であきらめることになる。社会変革の道筋がとてつもなく遠いように感じるからだろう。自分にはできないと考えるのが普通だ。ここで注意が必要である。矛盾すると思われるかもしれないが、社会変革など大それたことを考えないことだ。社会変革を目的化してしまえば、それ自体が歪んだバイアスとして福祉関係者に襲いかかる。社会変革は結果としてたどり着けばいい場所なだけである。だから、まずは問題を共有する仲間を募るところからはじめる必要がある。仲間は誰か。それは目の前のクライエントが答えを持っている。

多重債務があれば、弁護士や司法書士のもとへ一緒に相談に行ってほしい。そのなかで多重債務の原因は、社会福祉協議会が行う生活福祉資金が上手く機能していないこと、クライエントが社会的に孤立しており金銭的な支援を受けることが出来ないこと、生活保護制度が早めに機能しないことなど、複合的な社会システムの不備が問題の背景だと代弁（アドボケイト）してほしい。なぜクライエントが発生するのか、どうして同じような相談内容が持ち込まれるのか、弁護士や司法書士と一緒に議論する中で、働きかける対象が明確化していくだろう。ソーシャルワーカーが一人で悩まず、多様な仲間とケースカンファレンスを実施することが社会システムの変革を促すうえで、第一歩となるだろう。これは弁護士や司法書士に限らない。

例えば、あなたが精神科病院の医療ソーシャルワーカーだとする。外来受診に不眠症やうつ症状を有する患者が来院している。その患者の生活状況を聞いてみると、会社における長時間労働が慢性的に続いているという。その場合は労働災害補償を求められる事例の可能性がある。これも医師と相談しながら、患者と相談し介入方法を考えていくとともに、**労働組合やユニオンなど福祉専門職以外の人々とネットワーク**を築き、改善策を求めていく必要があるだろう。その患者への対応を患者の**治療や個別支援のみに終結させない**ことが大事になってくる。

このように、ソーシャルアクションの第一歩は、クライエントと丁寧に向き合い、社会や社会環境の改善点、介入点を見出すことである。その視点が見出せたら、個別援助で支援計画を作成するように、アクションプランを構想する必要がある。

どうしたら相談者の長時間労働をなくすことができるだろうか。何らかの法改正が必要か、働く人々への啓発が必要なのか、労働基準監督署への要請か、様々な介入点が見えてくる。これらもソーシャルワーカーが一人で考えるよりは、医師や弁護士や労働組合などの多様な人材と議論した方がよりよいアクションプランが作成され、介入が効果を挙げていくだろう。

これまで記述してきたソーシャルアクション実践論、ソーシャルアクション方法論のいわば試案すら、ソーシャルワーク専門職養成課程では語られることがない。福祉関係者が変革主体や運動の実施主体になれない問題と通じる。

社会に対する働きかけは政治やマスメディアの役割、とでも思っている節がある。踏み込んでいえば、福祉関係者や福祉系大学関係者は、これまでの教育システム自体を見直し、根本的に反省する必要がある。

入門書ともいうべき、約三七〇ページに及ぶ社会福祉士養成テキスト（社会福祉士養成講座編集委員会編二〇一四）では、**ソーシャルアクションという用語自体が出てこない**有り様だ。そもそもミクロとメゾとマクロを意識して介入戦略を立てられないソーシャルワーカーばかりが養成され続けている実態がある。

福祉関係者は無能なのではない。専門職教育において無能、無力にさせられているのである。そのため、福祉関係者の潜在能力はまだ開花しておらず、ここに社会変革を志向するような実践が広がる可能性、社会的勢力として新たな地平を築く可能性があると期待している。

このままソーシャルアクションを知らなければ、社会福祉士、精神保健福祉士のような国家が管理統制する資格をいかに取得しようとも、福祉対象者の生活や処遇の改善には寄与できない。**武器がないまま抑圧者とは闘えない**のである。

本章において、すべての福祉関係者に真意が伝えられるとは思っていない。しかし、「いまのままではいけない」「何かしなくては」と思っている志を同じくする福祉関係者の研究や実践に少しでも励みになったり、火をつけることができたら幸甚である。

参考文献

井手英策（二〇一三）『日本財政　転換の指針』岩波新書
小川政亮（一九六四）『権利としての社会保障』勁草書房

グレーバー、デヴィッド（二〇一七）『官僚制のユートピア』以文社
高良麻子（二〇一七）『日本におけるソーシャルアクションの実践モデル』中央法規出版
社会福祉士養成講座編集委員会編（二〇一四）『現代社会と福祉』第4版、中央法規出版
根津敦（二〇一四）「ソーシャルアクション」『社会福祉学事典』丸善出版
バンクス、サラ（二〇一六）『ソーシャルワークの倫理と価値』法律文化社
ファーガスン、イアン（二〇一二）『ソーシャルワークの復権——新自由主義への挑戦と社会正義の確立』クリエイツかもがわ
マーモット、マイケル（二〇一七）『健康格差　不平等な世界への挑戦』日本評論社
メレディス、バーバラ（一九九七）『コミュニティケアハンドブック——利用者主体の英国福祉サービスの展開』ミネルヴァ書房

2

ソーシャルビジネスは反貧困運動のオルタナティブか？

——新しい反貧困運動構築のための試論——

渡辺寛人

はじめに

二〇〇〇年代後半、「反貧困」というスローガンを掲げた運動は日本社会に「存在しない」とされていた貧困問題を可視化させ、政治的イシューに押し上げた。とりわけ二〇〇八年末から二〇〇九年にかけて日比谷公園に出現した「年越し派遣村」は、社会に大きなインパクトを与え、民主党政権を誕生させるだけのエネルギーを生み出した。ここから、日本でも貧困対策が進んでいくように思えた。

ところが一〇年を経た現在、反貧困運動はかつての勢いを失ってしまったように思われる。たしかに貧困問題は可視化され、その存在を否定することはできない状況になった。だがメディアなどで貧困がとりあげられると、共感や同情よりも、むしろ反感の方が強くバッシングが吹き荒れてしまう。

こうした状況を打破し、社会に広がる貧困を再び変革のエネルギーへと転換していくような反貧困運動はいかにして可能なのか、これが筆者の問題意識であり、本章はそのための試論である(1)。そのために、二〇〇〇年代後半の「派遣村」がなぜ社会的な影響力を持ちえたのか、その要因を分析し（第1節）、二〇一〇年代の反貧困運動が対抗力を発揮できなくなっている要因を、反貧困運動の「行政の下請化」（第2節）と「ソーシャルビジネス化」（第3節）という二つの観点から分析する。そして最後に、新しい反貧困運動の方向性を示したい。

なお、本章における問題提起は、筆者じしんが労働と貧困の分野にまたがり実践してきた経験知によっていることも多く、必ずしも論証されていない点が多く含まれる。反貧困の現場で実践に取り組む読者諸氏にとって、異論のある点も少なからずあるだろう。そのような批判も含めて、本章が反貧困運動の再興に向けた議論のきっかけになることを願っている。

1　なぜ派遣村は社会に影響を与えたのか？

二〇〇八年末に日比谷公園に出現した派遣村は、社会に大きな影響を与えた。年末年始に多くのメディアでとりあげられることで、派遣切りに直面した労働者の困難が可視化され、人々の注目を集めた。言うまでもなく、日本社会には貧困問題が存在し続けてきたし、九〇年代以降はホームレス問題に取り組む支援団体も多くあった。だが、ホームレス問題は社会一般とは切り離されており、個人の堕落、すなわち自己責任の問題として周辺化されており、主要な関心を集めるには至らなかった。ただ貧困をとりあげて社会に提示するだけでは、社会に影響を与え、貧困観を転回させていくことはできないのである。

派遣村が画期的だったのは、国家や企業が責任を持って対処すべき問題として貧困を打ち出し、それに成功したことだった。つまり、派遣村は、自己責任として個人的要因に矮小化されていたホームレス問題から、社会的に取り組むべき貧困問題へとその位相を変化させたのである。この位相変化がどのようにもたらされたのか、したがってここで問題にしなければならないのは、いかなる

「貧困」が派遣村によって可視化させられたのか、ということである。

一九世紀末のイギリスにおける貧困観の転回

この問題を考察するうえで参考になるのは、一九世紀末にイギリスで生じた貧困観の転回である。一九世紀のヴィクトリア期を通じて、イギリスでは「被救済貧民」すなわち「すでに自立・自助の生活に失敗し、公共の慈善にすがることによって、社会に寄生していることを露わにした状態」としての貧困が問題になっていた。この「被救済貧民」は、「正常で健全な生活の規範を逸脱した問題状況として、放置しておくことのできない社会問題であるとみなされた」（安保二〇〇五、三〇七―三〇八頁）。

この被救済貧民は、自立して生活を営む労働者とは別の存在として、決定的な分断線が引かれていた。この両者の分断を制度化したのが、一八三四年の新救貧法であった。これによって、貧者は市民社会から排除すべき存在としての烙印と屈辱感を与えられ、このことは市民社会の労働者が自立した生活者としてふるまうように規律を与える役割を果たした。

排除すべき貧者と労働者とのあいだに分断を持ちこもうとする新救貧法の統治戦略によって、被救済貧民の増加の原因は、個人の堕落とそれを助長する救貧行政に求められるようになる。つまり、「公的救済に依存しようとする労働貧民の怠惰な性向が助長」され、「これを厳重に抑制しない救貧行政の弛緩に問題がある」とされたのだ。それゆえ救貧行政においては、運用の厳格化を通じた被救済貧民の極小化が目指され、当時のイギリスでは繰り返しこのような主張が行われていた（前掲、三一一頁）。

その一方で、救貧法の外部では、救貧法を適用されていないという意味では貧者ではなかったが、被救済貧民と同じかそれ以下での水準で生活を強いられていた多数の貧困者が生み出されていた。救貧法から排除されていた人びとは、社会の隅に追いやられスラムを形成し、膨大な貧困層として蓄積されていった。

ブースによる「貧困の発見」

この不可視の貧困層の可視化こそがイギリスにおける「貧困の発見」と呼ばれており、そのモメントになった社会調査がチャールズ・ブースによる「ロンドン調査」であったことはよく知られている。ここでブースが発見した貧困とは何であったのか。ブースの貧困研究は「社会階層」（social class）という概念を用いることにより、一定の「職業と結びついた貧困層（つまり「レーバリング・プア」）の存在を証明した点に最大の特徴」を持っていた（唐鎌二〇一二、四一頁）。つまり、イギリスにおける「貧困の発見」とは、働く者の貧困、ワーキングプアの発見にほかならなかった。

社会調査や労働者の貧困を訴える社会運動の隆盛は、労働問題という社会的原因によって多くの労働者が貧困に陥っている状況へと人々の関心を集めることになった。ここから、新救貧法のもとで被救済貧民と労働者とのあいだの分断は克服され、個人的・周辺的な問題とされていた貧困観は、社会的問題へと転回していくことになる。ここで重要なのは、ワーキングプアの問題として貧困が提示されたからこそ、被救済貧民と労働者が互いに対立させられていた状況を乗り越えることができた、という点である。この分断の克服によって、貧困問題を個人的要因に矮小化し、周辺化することができなくなった。この「貧困の発見」が起点となって、イギリスは福祉国家への道を歩みはじめていくことになる。

派遣村の焦点はワーキングプア――日本における「貧困の発見」

一二〇年以上前のイギリスにおける貧困観の転回について論じてきたが、日本の現状とも共通する点が多いことに気がつくだろう。上記の分析に照らして考察するならば、派遣村が社会的にインパクトを与えることに成功したのは、派遣労働者の貧困に焦点が当てられ、ワーキングプアの問題として社会に提示されたからにほかならない。派遣労働者は、二〇〇〇年代以降増え続けてきた「家計自立型」非正規の象徴であり、明らかに企業の生産のために都合のよい労働力として利用された犠牲者であり、また国の政策の無策を示す存在でもあった。彼らが「派遣村」という運動の中心部にいた。

リーマンショック後に一斉におこなわれた派遣切りによって、多くの派遣労働者は仕事を失うと同時に住居も失うことになった。ここに、労働運動と従来の野宿者支援運動との結節点が、偶発的に生じたのである。派遣労働者の問題がホームレス問題として出現したからこそ労働運動と反貧困運動が結びつき、野宿者支援のノウハウが活かされ、日比谷公園に派遣村を置くことが可能になった。そして、この派遣村によってワーキングプアの存在が可視化され、これまで自己責任論によって矮小化され周辺化されてきた貧困が、無視することのできない社会問題として大々的に取り上げられた。イギリスから遅れること一二〇年余り、日本でもようやく「貧困の発見」がなされた瞬間であった。

貧困観の再転回——貧困問題の再周辺化

ワーキングプアの問題として現出したからこそなされた「貧困の発見」は、しかしながら、イギリスのように福祉国家へとつづく流れをつくりだすことができなかった。派遣村以降、転回をみせた貧困観は逆転し、再び貧困問題が周辺化されていくことになるのである。

なぜ貧困観が再転回してしまったのだろうか？　その最大の要因は、反貧困運動が、貧困問題をワーキングプアの問題として取り組みつづけられなかったことにある。反貧困運動の情勢を受けて、一部の労働組合では生活保護について学び、その申請を支援するなどの動きに結びついたところもある。だが反貧困運動の多くは、労働運動とのつながりを継続し発展させていくことができなかった。派遣村で偶発的に結びついた反貧困運動と労働運動は、互いに影響を与えあったものの、実践的には切り離されていくことになった。

この分離によって、反貧困運動の側から、貧困のボリュームゾーンであるワーキングプアの問題が見えなくなっていく。貧困者支援の現場に現れてくるのは、労働市場を回遊し、心身ともに破壊されて働く意欲を失った「働けない貧困者」である。貧困の根源は労働市場にあるにもかかわらず、労働運動との実践的な結びつきをもたない反貧困運動に労働の質を問う視点は希薄であり、むしろ労働を通じた「社会参加」こそが主要な課題として位置づけられていった。こうした問題設定においては、ワーキングプアやそれを生み出す労働市場のあり方が十分に問われることはなく、労働市場から排除された「働けない貧困者」へと関心が集まっていくことになる。こうした認識が、民主党政権下における貧困対策にも反映されている。労働市場をどう改善していくかというよりは、労働市場から排除された「多様な困難を抱える」人々に対して、個別ニーズに寄り添った「パーソナル・サポート・サービス」を提供し、いかに「社会参加」を支えていくのかが、民主党政権下の貧困対策の中心をなしていた。

反貧困運動が労働運動と分離し、貧困対策としての「パーソナル・サポート・サービス」が「働けない貧困者」個人の困難に焦点を当てていくなかで、貧困問題が再び周辺化され、派遣村によって転回したはずの貧困観が再転回していくことになった。自己責任論は家族や地域の責任にまで拡大し、「共助」を強調するような言説や政策が広がっている。他方で、社会全体の貧困化が進行しているにもかかわらず、ワーキングプア問題への取り組みには「空白」が生じている。そのなかで周辺化された貧困を取り上げれば、「そんなものは貧困ではない。自分たちはもっと苦労している」という感情をワーキングプア層に喚起させ、バッシングを引き起こすという状況がつくりだされた(2)。右派は、ワーキングプアへの支援の「空白」を最大限に利用し、再び貧困問題を自助・共助の領域に封じ込めるためにこの分断を煽り、公助領域の削減を推し進めている。だが反貧困運動はこのバックラッシュに対して十分な対抗ができていない。

2　二〇一〇年代の反貧困運動――生活困窮者自立支援法による下請け化

派遣村以降の貧困の可視化の文脈のなかで、貧困対策が民主党政権下で求められていくことになったが、そこで焦点化されたのは「働けない貧困者」の社会的包摂だった。そして、この社会的包摂の担い手として期待されたのが、反貧困運動の一部を担ってきた現場の支援団体である。しかしながら、支援団体などのサード・セクターが貧困対策という「公共」の担い手となることで、新たな問題、すなわち「反貧困運動の変質」をもたらすことにつながってしまう。社会福祉分野における民間活用が、社会福祉の劣化へとつながる危険性は本書第1章（藤田孝典）でも言及されているとおりだ。本節では、生活困窮者自立支援法による「下請け化」の傾向を明らかにしていきたい

日本ではもともとサード・セクターを支える基盤が脆弱であり、事業の持続可能性は法制度的にも困難な状況に置かれている。そのため、貧困対策の政策化による政府とのパートナーシップの構築は、事業の持続可能性を確保するための反貧困運動の重要な戦略でもあった。また、政府の側も、社会的包摂政策の担い手として「新しい公共」を活用していく路線をめざしており、両者の思惑が合流した枠組みのなかで、新たな生活困窮者支援の枠組みが議論されていった。

しかし民主党政権の新自由主義路線への旋回と、二〇一二年の自民党への政権交代によって、この枠組みは当初想定されていたものからは歪められ、二〇一三年に成立した生活困窮者自立支援法へと結実していくことになる。

この制度は、生活困窮者を基本的に「働けない貧困者」として捉え、それゆえ支援内容も「就労自立」に重点を置いていることに特徴がある。他方で貧困の中心をなすワーキングプアに対する支援は極めて手薄である。さらに、この制度には、住居確保給付金を除き、当事者に直接給付する支援サービスはない。また、同法の成立と同時に生活保護制度は「改正」されており、その後、生活扶助費の削減が進められている。したがって、全体としてみれば、同制度は支援内容じたいが歪められているうえに、支援者運動に予算がつけられた一方で、当事者に回される予算が削減されているという構図になっている（稲葉二〇一八を参照）。

要するに、同制度は全体としてみれば、支援者に対する公的資金を引き出すことができた一方で、支援内容は就労圧力強化を志向するものへと骨抜きにされ、貧困層への給付は削減されるという結果になっていると言えよう。こうした構図のもとで制度化された貧困対策が、現場で支援に取り組む反貧困運動にどのような影響を与えることになるのだろうか。

行政の下請け化の論理

反貧困運動の一部は、生活困窮者自立支援法の成立とともに、制度の外側から、行政からの事業委託というかたちで制度の内側へとその存立基盤を移していくことになった。だが行政からの事業委託という形式には、資金面等での事業の持続可能性と引き換えに、政府の財政効率化のベクトルが反貧困運動の内部へと浸透していくリスクを抱えている。

事業化して支援に取り組むためには、ボランティアのみに頼って続けていくことは困難であることは言うまでもない。そのため、有給の職員を配置する必要がある。そうしなければ、専門性の高い人材を確保することもできず、また支援経験の積み重ねも困難となってしまうだろう。支援を継続的に行うためには、それを支える基盤を構築していかなければならない。事業委託のメリットは、少なくとも一年間は安定的な事業運営を可能にするだけの予算を確保できることにある。

しかしながら、事業委託によってスタッフを雇用し運営を行っていくことで、当事者支援とは別の目的が生じてくることになる。すなわち、雇用の維持と事業委託の継続である。これらが目的となることで、本来の社会的、運動的目的が歪められ、「行政の下請け化」へと向かう論理が生じてくることになる。

第一に、雇用を維持し続けるためには、単年度ごとの事業委託を更新し続けなければならない。そして、次年度も事業を継続できるか否かは、行政が評価できる「成果」を出せるか否かにかかってくる。自立支援法そのものは、経済的に困窮している者を、就労を通じて「自立」させることを目的としているため、どれだけの生活困窮者を自立させることができたのか、端的にいえば、就労の「数」が評価の対象となっていく傾向がある。この就労「数」が評価の対象となることによって、自立の内実や支援のあり方を問わないような官僚的態度が広がる危険性がある。じじつ、生活保護制度のもとで行われている自立支援の現場では、就労自立が強調されることによって、就労させること自体が目的と化し、「自立」と呼ばれている状態の内実を問わない「支援」が蔓延している（桜井二〇一七を参照）。くわえて、事業委託をめぐる競争関係も官僚的態度を強化していくことになる。同制度は委託先に派遣会社などの企業が参入することを規制しておらず、委託を受ける団体は、競争のなかで行政が求める「成果」をアピールすることを強いられる。

第二に、行政から委託を受け続けるためには、支援団体は行政と敵対しないような関係を築いていかなければならない。そのため行政に対して表だったラディカルな要求行動は影を潜めていかざるをえなくなるだろう。行政に敵対的な態度を表明するソーシャルアクションは減少し、水面下における行政担当者との交渉・調整が優先され、その内容も、当事者に対する給付や支援の拡充より、支援を継続するための、すなわち支援者に対する制度や予算の拡充を要求する内容が優先されていくことになるだろう。

こうした枠組みのなかで、支援団体と当事者との分離が進み、支援団体と行政との癒着が強化されていく傾向を生み出しているように思える。実際、二〇一八年度には、生活困窮者自立支援法における学習支援予算が三二億円増額されたのに対し、生活保護は生活扶助の「見直し」により約一六〇億円減額されている。しかしながら、制度化された反貧困運動はこの状況を十分に批判することができていない。

行政の下請け化に抗することができるか？

もちろん事業委託を受けることが、そのまま行政の下請け化をもたらすということを意味しているわけではない。事業委託を受ける社会福祉協議会やＮＰＯの実力いかんでは、むしろ行政システムを変革していくポテンシャルも同時に有している。

こうした下請け化の論理に抵抗し、行政の力を引き出しながら、むしろ対抗的な福祉実践へと結びつけていけるのか、このことが日本の反貧困運動に問われているといえよう。

もともと福祉実践の広がりがあり、組織や経験が蓄積されている地域では、生活困窮者自立支援法による事業委託はポジティブな作用をもたらす側面もある。しかし、こうした福祉実践が乏しく、社会福祉協議会やＮＰＯの力量が弱い地域では、事業委託は行政の下請けとなるリスクが大きい。また、「株式会社」など営利企業の参入による「福祉の市場化」の懸念もある。福祉実践に十分な厚みのない日本の文脈では、生活困窮者自立支援法をはじめとする貧困対策の制度化によって、反貧困運動のエネルギーが行政に取り込まれてしまった側面が強いように思われる。

3　ソーシャルビジネスによって貧困問題は解決可能か？

反貧困運動が労働運動との結びつきを失い、さらに行政に取り込まれ現状の貧困情勢に対して有効な対抗軸を示すことができていない一方で、貧困対策の新しい主体として関心を集めているのがソーシャルビジネスだ。近年、反貧困運動のなかにも、このソーシャルビジネスの発想が浸透してきているように思われる。行政の事業委託を担うことが反貧困運動から自律性を奪い、下請け化を促進してしまうのであれば、ソーシャルビジネスのように経営的な手法を用いて、独自の財源を確保しながら事業を拡大していくことがこの隘路から脱する有効な「オルタナティブ」にも見える。貧困や福祉領域におけるソーシャルビジネスの広がりをどう捉えるべきなのだろうか。

ソーシャルビジネス、あるいは社会的企業という概念は、もともと欧米で発展した概念であり、日本には主に二〇〇〇年以降に「輸入」されてきた。(3) さらに、アメリカと欧州ではそれぞれ異なる文脈で発展してきており、その概念が意味する内容にも違いがある。そのため、アメリカと欧州のソーシャルビジネスの文脈や概念を概括したうえで、日本におけるソーシャルビジネスを位置づけていこう。(4)

アメリカにおけるソーシャルビジネス――ＮＰＯの商業化

アメリカにおいて、社会的企業という概念は、八〇年代、ロナルド・レーガンによる新自由主義的政策が貫徹するなかで登場した。アメリカでは、それまでＮＰＯと政府がパートナーシップを形成し、政府からの補助金をベースに公共サービスを提供してきた。ところが、八〇年代以降、政府からＮＰＯに対して支出される補助金が大幅に削減されるなかで、財政的な持続可能性を確保するため、ＮＰＯを商業化させ事業収入を得ることが、資金調達上重要な位置を占めるようになった。この事業収入を増加させていくＮＰＯの生き残り戦略が「社会的企業」として注目を集めるようになったのだ。

そのためアメリカでは、ソーシャルビジネスという概念は、ＮＰＯの活動家を中心にあくまでもＮＰＯの収入増加の活動に限定するものとして捉える立場もある一方で、ビジネス的側面が強調されるかたちで、企業とＮＰＯの連続線上に位置づけられており、社会的目的とビジネスとしての手法をブレンドさせた組織として捉えられている。後述するように、欧州社会的企業との比較でいえば、一般的にアメリカの社会的企業概念には、協同組合は含まれておらず、企業との親和性が高いと言える。

欧州におけるソーシャルビジネス――基盤としての連帯経済

欧州のソーシャルビジネスは、アメリカの文脈とは大きく異なり、連帯経済の潮流を基盤とした文脈のなかで登場してきた。連帯経済の起源は、協同組合運動の支柱となってきた一九世紀以降の社会的経済思想にあるとされているが、ソーシャルビジネスとの関連で連帯経済が重視されるようになったのは、オイルショック以降であった。経済成長の鈍化に伴う福祉国家の危機と社会的排除問題の深刻化を背景に、市民によって地域に密着した小規模事業体が多数誕生した。これが「連帯経済」として注目されていくことになったのである。また、これらの連帯経済は、協同組合や共済組合を中心とした従来の社会的経済が大規模化し、市場競争に巻き込まれ営利企業化していったことを批判し、本来の連帯や民主的参加という要素の再構築を志向する運動体としての側面を持っていた。

欧州においても、八〇年代には新自由主義による福祉国家の解体が目指されるが、福祉国家的諸政策は強固な支持基盤を形成しており、容易には解体されず、強力な抵抗力を有していた。福祉国家のリストラクチュアリングの過程でワークフェア的な政策が推し進められ、財政合理化のために、公共サービスに市場原理を導入する「ニュー・パブリック・マネジメント」が普及したが、こうしたサード・セクター再編のなかにおいても、「政府からの委託契約を中心に公的資金がかなり多く投入され」、政策的に下支えされながら社会的企業が発展してきた（原田他二〇一〇、一一二頁）。欧州におけるソーシャルビジネスの法人形態は、基本的に協同組合とＮＰＯが基盤となっており、商業化による生き残りを目指したアメリカと欧州では、ソーシャルビジネスが意味する内容が大きく異なることがわかるだろう。

日本型ソーシャルビジネス――ソーシャルイノベーションの重視

以上のように、ソーシャルビジネスという概念は、アメリカと欧州で実践的にも理論的にもそれぞれ全く異なる発展を遂げてきた。いずれも「福祉国家の危機」を経てサード・セクターをどのように再編成するのかという対抗関係の中から出現した実践・概念であり、その国の社会構造との連関で捉えていく必要がある。ソーシャルビジネスをどのようなものとして受け止め、実践しているかは、その言葉を発している文脈や主体と切り離すことができない。

日本における社会的企業あるいはソーシャルビジネスという概念は、主に二〇〇〇年以降に注目されるようになったが、日本の場合、アメリカの諸理論に影響を受けた経営サイドからの議論がリードしてきたといってよいだろう。経営サイドからの議論が重視しているのは、特定の社会問題の解決ではなく、むしろ「ソーシャルイノベーション」である。つまり、社会的な課題に対して、「ビジネスモデル」や「新しい仕組み」の導入を重視した経営的・市場的色彩の強い議論が展開されてきた。さらに、行政サイドからは、経済産業省を中心に社会的企業に関する施策が展開されてきた。これらの審議会等には経営学者がコミットしており、経営サイドとの親和性が高いといえる。この議論のなかでソーシャルビジネスの主体は特定されておらず、きわめて幅広い事業体がその担い手として想定され議論が行われてきた。また、「新しい公共」の担い手としてもソーシャルビジネスが想定されている。日本においては、欧州型ソーシャルビジネスは、協同組合的実践を行ってきた一部の潮流で受け継いでいるのみで、全体としてみれば、経営的観点からのビジネス的色彩の強いソーシャルビジネスがメインストリームを形成していると考えられる(5)。

したがって本章では、貧困問題をはじめとする社会問題を「ソーシャルイノベーション」を通じた「ビジネスモデル」や「新しい仕組み」を構築することによって解決を目指す実践を、「日本型ソーシャルビジネス」として定義しておこう。これを端的に表現しているのが、『Newsweek』「世界を変える社会起業家一〇〇人」に選出され政府の委員も務める、社会起業家の駒崎弘樹である。彼は著書のなかで「我々ソーシャルビジネスが「砕氷船」となって、分厚い氷で覆われていた海に小さな航路を切り開き、そこを大手企業や国などの「タンカー」が通っていくというイノベーションのパターンが散見されるようになった」と、その役割を「砕氷船」に喩え、的確に述べている（駒崎二〇一六、二四三頁）。

なお、貧困領域で活動する運動団体は、多かれ少なかれ、運動の持続可能性を担保するための「マネタイズ」を実践している。先に見た生活困窮者自立支援法の成立を後押しし、それを受託している運動体にも、こうした問題意識がある。それは自律的な運動体として持続可能性を担保していくために必要なことであり、本章ではマネタイズの必要性それ自体を否定しているわけではない。では、社会運動と日本型ソーシャルビジネスとは何が異なるのだろうか。それは、日本型ソーシャルビジネスが、貧困問題などの福祉的課題を、新たな「ビジネスモデル」を「イノベーション」

によって創出し、市場的（あるいは準市場的）に解決することが可能だと発想する点にあると考えられる。これが社会運動と日本型ソーシャルビジネスを区別するメルクマールとなる。要するに、日本型ソーシャルビジネスにとっては、マネタイズやビジネスモデルとしての成功が、運動体の持続可能性を担保するための従属変数ではなく、貧困問題「解決」のための独立変数となっているのである。一見すると「反貧困」という課題に向き合い、その解決を志向しているため、反貧困運動と日本型ソーシャルビジネスは同じ主体であるように見える。だがその根本において、両者は区別されなければならない。

対決回避型の貧困対策アプローチ

こうした日本型ソーシャルビジネスが反貧困運動のなかで影響力を拡大していくことに、どのような問題があるのか。結論からいえば、日本型ソーシャルビジネスが掲げる解決策は、「対決回避型の貧困対策アプローチ」へと傾倒し、貧困問題の根本的な解決を遠ざけてしまうことにある。

日本型ソーシャルビジネスの実践において主要なステークホルダーは、投資家や企業、行政などであり、これらのアクターを巻き込んで「ビジネスモデル」として成功させるためには、彼らに「届く」論理で協賛を得ていく必要がある。そのため彼らが提示する「解決モデル」は、彼らのステークホルダーにとって協賛する意味があるものでなければならない。企業や行政は善意では動かない。彼らにとっての利害が明確な「ビジネスモデル」であることが求められる。ゆえに、ここで提示される「解決モデル」は資金提供者にメリットがあり、かつ同意が得られやすい内容となる傾向がある。

しかし、企業や行政が協賛しやすいアプローチからは、貧困問題を生み出す社会への眼差しが根本的に排除されていくことになるだろう。たとえば「子どもの貧困」問題への取り組みは、後述するように、「学習支援」へと矮小化され、その背後にある「大人の貧困」、すなわちワーキングプアの問題や、子どもの教育格差の最大要因である公教育財政の削減、税と社会保障による再分配の機能不全といった、企業や行政にとって耳が痛い問題は巧妙に隠されていくことになる。

敵対しないアプローチであるからこそ、企業や行政から多くの協賛を集めることができ、彼らが「貧困問題に取り組んでいる」というイメージ作りを手助けすることができる。日本型ソーシャルビジネスによる貧困問題へのアプローチが抱える問題は、こうした根本問題を回避した「対決回避型の解決モデル」に集約されていくように思われる。いくつか具体的にその内実を分析していこう。

誰も傷つかない、給付型奨学金キャンペーン

ソーシャルビジネスが取り組む貧困課題の中心は、「子どもの貧困」へと傾斜している。自己責任論の強い日本社会において、貧困一般への取り組みは評価されづらく、相対的に自己責任を問うことが難しい「子ども」の問題に取り組むことが、企業や行政を含む幅広いステークホルダーを獲得するために重要な意味を持つからだ。

「子どもの貧困」への取り組みとして二〇一六年に行われた「「ママを困らせたくないから、勉強したいけど、私働く」をなくしたい。給付型奨学金の創設を！」という署名キャンペーンを例にと

ろう。(6) このキャンペーンの内容を見ていくと、いかに根本問題を避けた論立てになっているかが明らかになる。

キャンペーンは、子どもの六人に一人が貧困状態にあること、日本には貸与型の奨学金しかないことを問題点として指摘したうえで、「経済成長」にもつながるという投資的な観点から、給付型奨学金の必要性を主張する。財源問題については、増税などによって富裕層に負担を求めるのではなく、銀行口座に眠る「休眠預金」によって「誰も傷つかず、貧困の子ども達を助けることができる」とされるのである。(7) さらに、限られた財源からは当然、対象を選別することが求められる。このキャンペーンでは、休眠預金の一割である一〇〇億円で「児童養護施設の卒業生全員」が対象にできるとされ、極めて限定的・選別的なかたちで給付型奨学金の対象が設定されている。

このように、子どもの貧困対策として求められている給付型奨学金の創設の内容が、より多くの人たちを巻き込むために、いかに「現実的」で「対症療法的」かつ「選別的」なものに矮小化されてしまっているのかがわかるだろう。たしかに、こうしたキャンペーンの立て方によってより多くの人の賛同を得られるかもしれない。しかしこうしたキャンペーンは、子どもの貧困を生み出す社会のあり方――荒廃した労働市場、ワーキングプア、脆弱な社会保障、教育費政策など――を覆い隠していくことにはならないだろうか。

スタディクーポンによる教育格差の是正？

より対症療法的な例として、渋谷区で行われた「スタディクーポン・イニシアティブ」という取り組みについて考えていこう[8]。このプロジェクトは、子どもの貧困を背景にした「教育格差」に着目したソーシャルビジネス的実践である。「親の所得格差が子どもの塾代にかけられる費用に直結」することが、「子どもたちの将来の可能性にも影響を与えてしまう」ことから、スタディクーポンによってこの塾代格差を埋め合わせ、不平等の連鎖を克服していこうという趣旨だ。このプロジェクトは、渋谷区と連携して行われ、民間の学習塾などさまざまな教育関連企業からの賛同も集めている。

ところがこのスタディクーポンは、子どもの貧困の背後にある教育格差がどのようにして生み出されたのか、という点を問わない。言うまでもなく、近年、教育格差が拡大しているのは、日本の教育費に占める公的負担の割合が小さく、したがって私的負担の割合が大きいことに由来している。そのため、根本的には公的な教育の拡大による普遍的な教育サービスの保障こそが、教育格差を是正していくために求められるはずだ。ところが、スタディクーポンは、こうした構造の結果として生み出された「塾代などの学校外教育支出」の格差の拡大を、その費用を援助することによって埋め合わせようとするため、むしろ不平等を生み出す構造を温存させてしまうことになる。

子どもの貧困対策としてスタディクーポンを導入することによって、営利目的の塾業界が隆盛し、ますます教育の市場化が進むことになる。教育の市場化が進み、その優位性が強調されればされるほど、公的教育への投資は後回しにされていくことになる可能性がある。当初は寄付によって自主的に行われてきた事業だが、二〇一九年度には渋谷区において事業化され予算が組まれた[9]。さらに東京都でも二〇二〇年度の制度実施が目指されている[10]。こうした流れは、公的教育に投入すべき財政をバウチャーに回し、教育の民営化を推し進めることになる傾向を加速させていくことになるだろう。

これは決して杞憂ではない。そもそも教育バウチャー制度とは、義務教育の学校運営に市場競争原理を持ち込むために、ミルトン・フリードマンによって提唱されたものだ。子どものいる家庭には政府発行の利用券が配られ、保護者はこれを使って子どもを（利益追求型の）私立学校に通わせることができるようになる。ハリケーン・カトリーナ後のニューオーリンズについて分析したクラインは、教育バウチャーが導入されたことによって、ハリケーン・カトリーナ以前には一二三校あった公立校が、その後四校にまで激減し、（利益追求型の）私立校は七校から三一校に増えたことを指摘している（クライン二〇一一）。教育バウチャーが、公的教育を解体し、民営化・市場化を推し進めていくための手段として用いられていたのである。

教育の民営化・市場化が進めば、教育格差は拡大する。スタディクーポンは、一見すると「塾に行けない子どもたちのため」になっているようにも思えるが、実際には公的教育の民営化・市場化を後押しする。したがって、子どもの貧困を取り巻く状況はますます悪化することになるだろう。行政からすれば公的施策の問題に触れずに「子どもの貧困」への取り組みをアピールすることにつながり、企業からすれば賛同することによって社会的なイメージアップと実際の利益に結びつく。日本型ソーシャルビジネスの「解決策」は、その華々しさとは裏腹に、貧困問題の解決にはほとんど役に立たない。

日本型ソーシャルビジネスの陥穽

以上、日本型ソーシャルビジネス型解決策の問題点を検討してきた。日本型ソーシャルビジネスの役割は、社会のなかの解決すべき課題を「発見」し、企業も行政も協賛できるような「解決のモデル」をつくることにある。これこそが目指すべき「イノベーション」なのであり、その「解決モデル」(企業との連携、行政との連携など)を「制度化」し、全国的に普及させていくこと、すなわち、制度を媒介にして「新たなマーケット」を形成していくことが目指されているのである。

言い換えれば、貧困問題の拡大は、彼らにとっての「ビジネスチャンス」そのものである。彼らは、新自由主義的改革によって公的なものが削減された結果生じた貧困問題をひとつの市場とみなし、それに対して対症療法的な解決策を提示しながら企業や行政から資金を引き出すことを通じて、新たなビジネスモデルを創出している。

こうした日本型のソーシャルビジネス的発想にもとづく対決回避型の貧困対策アプローチが、反貧困運動にも少なくない影響を与えているように思われる。だが、このようなアプローチが「貧困を解決するための社会運動」であるかのように表象されていくことで、実際には貧困問題の解決に結びつかないような日本型ソーシャルビジネスの諸実践に、人々のエネルギーが吸収されていくことになる。そして、社会保障要求の内容そのものが、社会構造の変革を目指したものではなく、新たなマーケットの創出を目指したもの、投資的価値に重点を置いたものへと変容していくことに注意を向けなければならない。

貧困を取り上げればバッシングが吹き荒れる状況のなかで、合意形成がどんなに困難に思えようとも、根本的な要因――企業や国家のあり方――に対する批判や対決を避けてはならない。企業や行政との協働やパートナーシップを重視した日本型ソーシャルビジネスの発想は、貧困問題を生み出す社会構造や敵対関係を覆い隠し、融和的な世界観を形成し、反貧困運動が何をすべきなのか、何と闘うべきなのかという問題を曖昧にしてしまう。反貧困運動がすべきことは、貧困の拡大を招いた責任ある人々を批判し、敵対性を明確にしていくこと。そしてそこに多くの人々の支持を集めていくことである。(11)

おわりに

ここまで、派遣村以後の反貧困運動について分析してきた。貧困が拡大してきている現在において、なぜ反貧困運動が力を持つことができていないのか、筆者なりの分析である。最後に、これまでの分析を踏まえ、社会を変えるためにはどのような反貧困運動が必要なのか、その道筋を簡潔に示したい。

派遣村情勢をつくりだしたのは、労働運動と反貧困運動の偶発的な結合であった。その結合が分離していくことで再び分断が深まり、さらに貧困が拡大していくことによって、貧困者を積極的にバッシングする情勢が日本社会の現状だ。したがって、労働運動との結びつきを自覚的につくりだしていくことが、バッシングを緩和し、分断を乗り越えていくための方途になるだろう。

私たちＰＯＳＳＥは、反貧困みやぎネットワークや仙台けやきユニオンと連携して仙台で「大人食堂」を実施した。そこには一〇名以上の非正規雇用労働者や失業者が参加し、「働いていても食うに困る」人々の存在を可視化させ、大きな反響を呼んだ。「働いているのに食うに困る」＝「ワーキングプア」が広がっているという事実は必然的に、低賃金労働や社会保障の脆弱さなど、貧困を生み出している構造的な問題と対峙することを要請するだろう。反貧困運動と労働運動が連携した新しい実践の萌芽が、徐々にではあるが広がりつつある。

また、労働運動と結合していくことで、事業の継続可能性の新たな拠り所を見出すことも可能となるはずだ。この結びつきが、行政の下請け化や日本型ソーシャルビジネスの論理を相対化させ、よりラディカルな要求行動を可能にしていく基盤を構築することになるだろう。

最後に、貧困のマジョリティであるワーキングプアの問題に取り組むことは、結果として、あらゆる人々にとって有益な社会保障構築への道を開いていくことになる。なぜなら、福祉国家における「社会権とは、もともと労働者階級の団結権、団体交渉権などから出発し、徐々にひろがって、国家から社会福祉サービスを受けとる権利を総称するものとなっている」からだ（竹内二〇〇四、一九頁）。今の日本では、残念ながら、社会権の根本である「労働者階級の団結権・団体交渉権」すら実質的には確立されているとは言えない。

繰り返しになるが、労働運動と反貧困運動が連結し、ワーキングプアの問題に取り組むことこそが、現状を打開していくための必要条件である。そして、この連結のなかにこそ、分断を乗り越え、貧困問題を社会的に普遍的な問題として提起していく可能性が秘められているのだ。

（1）本章は、渡辺（二〇一八）を大幅に加筆・修正したものである。
（2）生活保護バッシングと労働市場との関係については、今野（二〇一三）第五章を参照。
（3）本章では、ソーシャルビジネスと社会的企業をほぼ同義で用いている。
（4）本章におけるソーシャルビジネス（社会的企業）の整理は、原田他（二〇一〇）を参照した。
（5）日本におけるソーシャルビジネス（社会的企業）の受容については、原田他（二〇一〇）第六章を参照。
（6）「給付型奨学金の実現を求める有志一同」によってChange.orgで行われた署名キャンペーン。世話人は赤石千衣子（特定非営利活動法人しんぐるまざあず・ふぉーらむ理事長）、駒崎弘樹（認定NPO法人フローレンス代表理事）、渡辺由美子（NPO法人キッズドア理事長）。賛同人として教育系NPOからジャーナリスト、経済学者、実業家まで幅広い関係者が名を連ねている。
（7）なお、「休眠預金を使って給付型奨学金を創設することは原理的に不可能」であることが指摘されており、給付型奨学金を創設するためには税財源を新たに確保する必要がある。この論点については、佐藤（二〇一六）を参照のこと。
（8）詳細は「スタディクーポン・イニシアティブ」のHPを参照のこと。http://studycoupon.hatenablog.com/entry/project.summary
（9）「【祝】渋谷区がスタディクーポンを政策導入する案を発表しました」http://studycoupon.hatenablog.com/entry/report20190212
（10）「スタディ・クーポンついに東京都の政策に！」http://agora-web.jp/archives/2037807.html
（11）近年の社会運動において、こうしたヘゲモニー的実践に成功したのが、今野晴貴による「ブラック企業」という言説であると言えよう。詳細は今野（二〇一四）参照。

参考文献

安保則夫（二〇〇五）『イギリス労働者の貧困と救済――救貧法と工場法』明石書店
稲葉剛（二〇一八）「貧困の現場から社会を変えていくために」『POSSE』第三七号

唐鎌直義(二〇一二)『脱貧困の社会保障』旬報社
クライン、ナオミ(二〇一一)『ショック・ドクトリン——惨事便乗型資本主義の正体を暴く』岩波書店
駒崎弘樹(二〇一六)『社会を変えたい人のためのソーシャルビジネス入門』ＰＨＰ新書
今野晴貴(二〇一三)『生活保護——知られざる恐怖の現場』ちくま新書
今野晴貴(二〇一四)「ブラック企業はなぜ社会問題化したか——社会運動と言説」『世界』第八五七号
桜井啓太(二〇一七)『〈自立支援〉の社会保障を問う——生活保護・最低賃金・ワーキングプア』法律文化社
佐藤滋(二〇一六)「選別主義を強化する？　給付型奨学金をめぐる議論の陥穽——教育サービスの現物給付化による普遍的な保障を」『POSSE』第三一号
竹内真澄(二〇〇四)『福祉国家と社会権』晃洋書房
原田晃樹・藤井敦史・松井真理子(二〇一〇)『ＮＰＯ再構築への道——パートナーシップを支える仕組み』勁草書房
渡辺寛人(二〇一八)「日本の貧困観の転回と再転回——新しい反貧困運動のための一考察」『POSSE』第三七号

3

不可能な努力の押しつけと闘う

――個人別生活保障の創造へ――

後藤道夫

今の日本には「生活できる」条件についての共通了解がない。旧来の「生活できる条件」が崩壊し、同時に新たな条件形成の方向が合意されていないからだ。「努力すれば可能」と言われる生活モデルも、結局は、上層労働者、あるいは、起業家、投資家などのそれにすぎず、多くの人びとに当てはまるものではない。だが近年は、到達困難な生活モデルを強いる言説が力を増し、人びとを萎縮させ疲弊させている。

多くの人びとが「生活できる」条件とはどういうものか。それにはどのような制度や社会環境が必要なのか。こうした問いについての共通了解を新たに形成し直すことは、個々人の生活努力に合理的な展望を与えるだけでなく、相互の無益な足の引っ張り合いと敵対から社会を救い、強者依存と権威主義が跋扈する余地を大きく減らすはずである。

貧困と闘う運動は、個別の救済を日々積み重ねる努力に加えて、こうした共通了解を形成し貧困が発生しにくい社会環境をつくる、そうした営みを自己のうちに含まなければならないだろう。そのためには「生活できる」条件についての旺盛な議論が必要である。

本章では「生活できる条件」を福祉国家型のそれとして再建すべく、日本の現状を念頭に置いて、いくつかの基礎的なアイディアを提示、検討したい(1)。

現代日本の貧困の規模を概観し(第1節)、「生活できない」現状を福祉国家型の分析枠組を用いて整理したうえで(第2節)、現代の「生活できる条件」を、賃金と社会保障それぞれのナショナル・ミニマムの組み合わせとする、個人別の生活保障枠組として構成することを試みる(第3節)。

1 現代日本における貧困の大量存在

所得不足の拡大

二〇〇八年からの経済危機以降、貧困拡大の第二期が続いている。第一期は一九九〇年代末から二一世紀初頭の数年間であった。

政府発表の「相対的貧困率」は、一九九七年一四・七%、二〇〇九年一六・〇%、二〇一二年一六・一%、二〇一五年一五・六%と、大きな変化はなく、ここ三年間ではむしろ下がっている。だが、これは貧困の実態から遠く離れた数値である。

別稿(後藤二〇一七)であつかったが、この「相対的貧困率」における「貧困線」は、通常の言葉の意味での「貧困基準」として吟味されたものではなく、所得分布が全体として下がれば、自動的に下がる機械的な計算値である。実際には一九九七年以降二〇一五年まで、低所得世帯の実質可処分所得の分布は悪化し続けた。だが他方でこの「貧困線」(実質値)自身も下がり続けたため、「相対的貧困率」に大きな変化が現れなかったにすぎない。実際の貧困の規模はどのようなものか。

生活保護を受けている世帯ごとに福祉事務所が計算する「最低生活費」という数字がある。生活保護基準を用いて、最低限度の生活に必要な費用を世帯毎に積み上げるもので、医療費と勤労必要費用は含まれない。この「最低生活費」の世帯人数別の全国平均値を貧困基準として、日本の全世

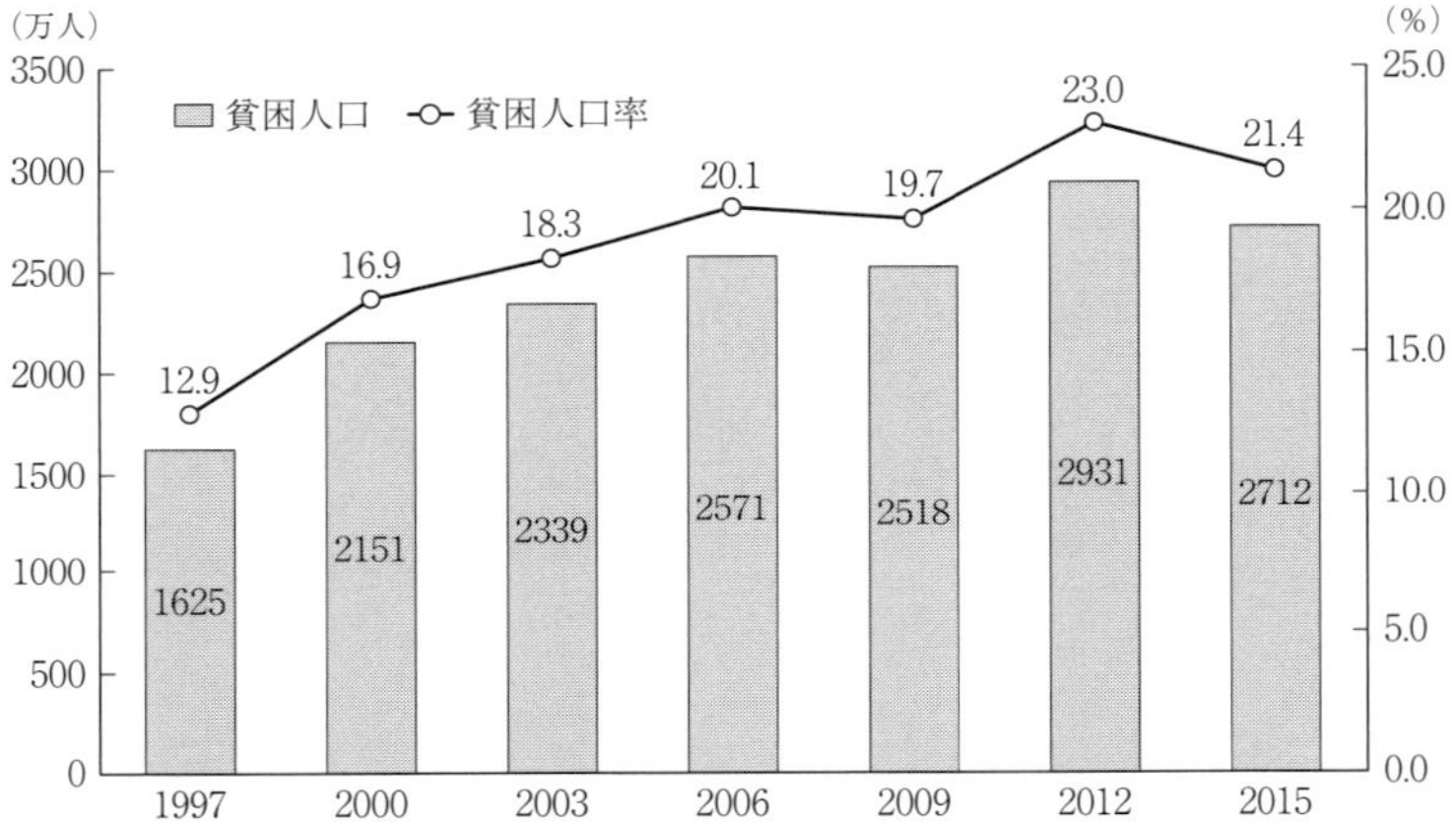

注：所得分布調査は前年所得についてのもの．そのため横軸は前年を表示した．
出所：「国民生活基礎調査」大規模調査の各年．

図1　最低生活費（被保護調査）未満の可処分所得の世帯人口と全人口中のその割合

帯の可処分所得分布（「国民生活基礎調査」の大調査年）を処理してみると、図1のようになる。二〇一五年現在の貧困率は二一・四％であり、貧困人口は二七一二万人。一九九七年ではそれぞれ一二・九％、一六二五万人であった。

なお、二〇一二年から一五年への貧困人口の減少は、二〇一二年以降の生活保護基準大幅切り下げで、最低生活費の世帯人数別平均値そのものが下がったことが原因である。二〇一二年の「最低生活費」を固定し、物価上昇分を配慮した計算では、二〇一五年の貧困率は二四・三％、貧困人口数は三〇七九万人となった。

無貯蓄世帯の急増

貧困拡大第二期の大きな特徴は、無貯蓄世帯の急増である。

厚労省の「国民生活基礎調査」は三年に一度、四万世帯を対象に貯蓄状況を調査する。それによると、二〇一〇年に一〇・四％だった無貯蓄世帯の割合は、二〇一三年では一六・八％になり、二〇一六年に一五・七％と少し下がったが、いまだ高い水準である（表1）。所得が低い人々は一九九〇年代末から大きく増えていたが、そうした変化が貯蓄にもおよんだのである。

また、「金融広報中央委員会」のアンケート調査によれば、二人以上世帯の金融資産非保有率は、二〇〇九年の二二・二％が二〇一七年には三一・二％となり、単身世帯では二九・九％から四六・四％に急増した。なかでも二〇歳代単身世帯では二〇一七年で六一・〇％の高率である。なお、この調査は「金融資産」を、「運用のためまたは将来に備えて」蓄えている部分に限定している。貯蓄目的を限定しない「国民生活基礎調査」よりも、金融資産非保有率（＝無貯蓄率）は高くあらわれる。

「運用のためあるいは将来に備えて」貯蓄できる二〇歳代はすでに少数派である。これでは、結婚は「ぜいたく」と感ずる人が増えて不思議はない。実際、社会保障・人口問題研究所の推計によれば、五〇歳まで未婚の男性の割合は、一九九〇年の五・六％が二〇一五年は二三・四％になっている。

「ぜいたく」は結婚にかぎらない。日本社会では、その世帯に貯蓄がなければ、あるいは借金をする条件がなければ、ふだんの生活費不足時に困るだけでなく、住まいの確保、子育てと学校教育、失業、定年での退職、病気と要介護状態など、いくつもの大きなライフ・イベントや家計費用の拡大期（以下では「特別需要」として説明）を乗り越えることは困難である。

金融広報中央委員会の無貯蓄率を国民生活基礎調査による世帯数、世帯人数データと組み合わせると、金融資産をもたない世帯で暮らす人口は約四〇〇〇万人と推計される。金融資産を狭く定義

表 1　世帯構造別　世帯の種類別　無貯蓄率の推移

		2001 年	2004 年	2007 年	2010 年	2013 年	2016 年
無貯蓄世帯率	総数計	8.5	9.6	10.5	10.4	16.8	15.7
	単独世帯計	17.5	18.2	19.4	16.6	24.0	22.7
	核家族世帯計	6.7	8.0	8.3	8.8	14.6	13.5
	三世代世帯計	4.7	5.3	5.6	7.2	15.4	14.5
	その他の世帯	8.0	9.5	10.8	9.1	15.4	14.0
	(再掲)児童のいる世帯	6.6	7.6	7.9	9.8	15.9	15.1
	(再掲)高齢者のいる世帯	8.2	9.6	10.6	9.9	16.3	15.0

（%）

		2001 年	2004 年	2007 年	2010 年	2013 年	2016 年
無貯蓄世帯数	総数計	420	472	531	519	863	803
	単独世帯計	193	196	233	205	319	305
	核家族世帯計	181	224	239	257	441	409
	三世代世帯計	23	24	23	28	51	43
	その他の世帯	23	28	36	30	51	47
	(再掲)児童のいる世帯	87	98	99	120	192	176
	(再掲)高齢者のいる世帯	138	176	209	208	372	369

（万世帯）

		2001 年	2004 年	2007 年	2010 年	2013 年	2016 年
無貯蓄世帯で暮らす人員数(注)	総数計	917	1066	1152	1175	1983	1807
	単独世帯計	193	196	233	205	319	305
	核家族世帯計	531	658	694	739	1256	1156
	三世代世帯計	120	124	116	140	257	211
	その他の世帯	73	87	109	91	151	136

（万人）

注：人員数は世帯構造ごとの無貯蓄世帯数に各世帯構造の平均人員を乗じて求めた．
　2001 年は当該数値の集計が無かったため，2004 年の数値で代替した．
出所：「国民生活基礎調査」より推計．

していない国民生活基礎調査によっても、約一八〇〇万人である。「ふつうの生活」が困難な人々がおよそ例外といえない規模で存在し、日本社会はすでに広い範囲で機能不全に陥っていると見てよいだろう。とりわけ中堅年齢層、若年層で、この変化は激しい。

結婚・子育ての中間階層化と貧困化

貧困の広がりと深まりを象徴するのが、結婚・子育ての「中間階層化」である。図2に明らかなように、二〇一五年現在、四〇歳代男性のうち、〈夫婦で子育て〉をしているのは約半数にすぎない。この割合は「国勢調査」のたびに約五ポイントずつ減少し、この二〇年間で二〇ポイント減少した。

図3は四〇歳代男性のうちの〈夫婦で子育て〉の割合を、本人の所得階級別に、三つの年でみたものである。所得が高い方が〈夫婦で子育て〉の割合が高くなるが、それが五割程度になる所得階級を各年で比べると、二〇〇二年が二五〇〜二九九万円、一二年が三〇〇〜三九九万円、一七年が四〇〇〜四九九万円と、結婚・子育ての所得ハードルが急上昇したことがわかる。他方、男性の賃金は、長期・大幅に低下し続けた。非婚・無子が増加した大きな原因であろう。

結婚と子育てはすでに「中間階層化」していると言ってよいが、同時に、子育て世帯の「貧困化」も大きく進んだ。一九九七年から二〇一五年にかけて、子どもがいる世帯の実質可処分所得は平均で九七万円減少し（「国民生活基礎調査」二〇一〇年物価基準）、四〇歳代世帯主の子育て世帯では、世帯年収四〇〇万円未満が一五％から二一％に増えた。

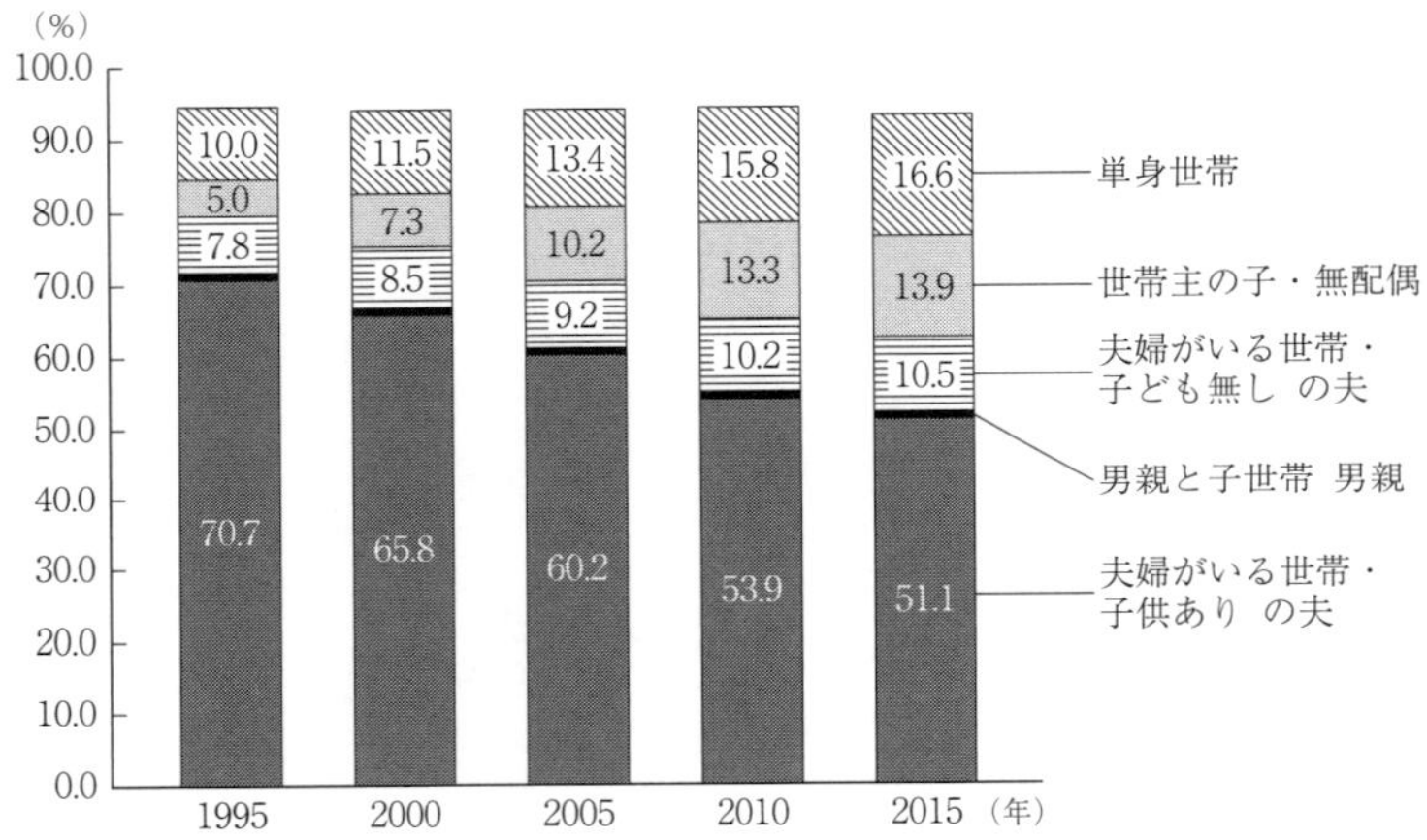

出所：「国勢調査」各年より作成.

図 2　40 歳代男性 子育てを軸に見た世帯上の位置の分布・推移

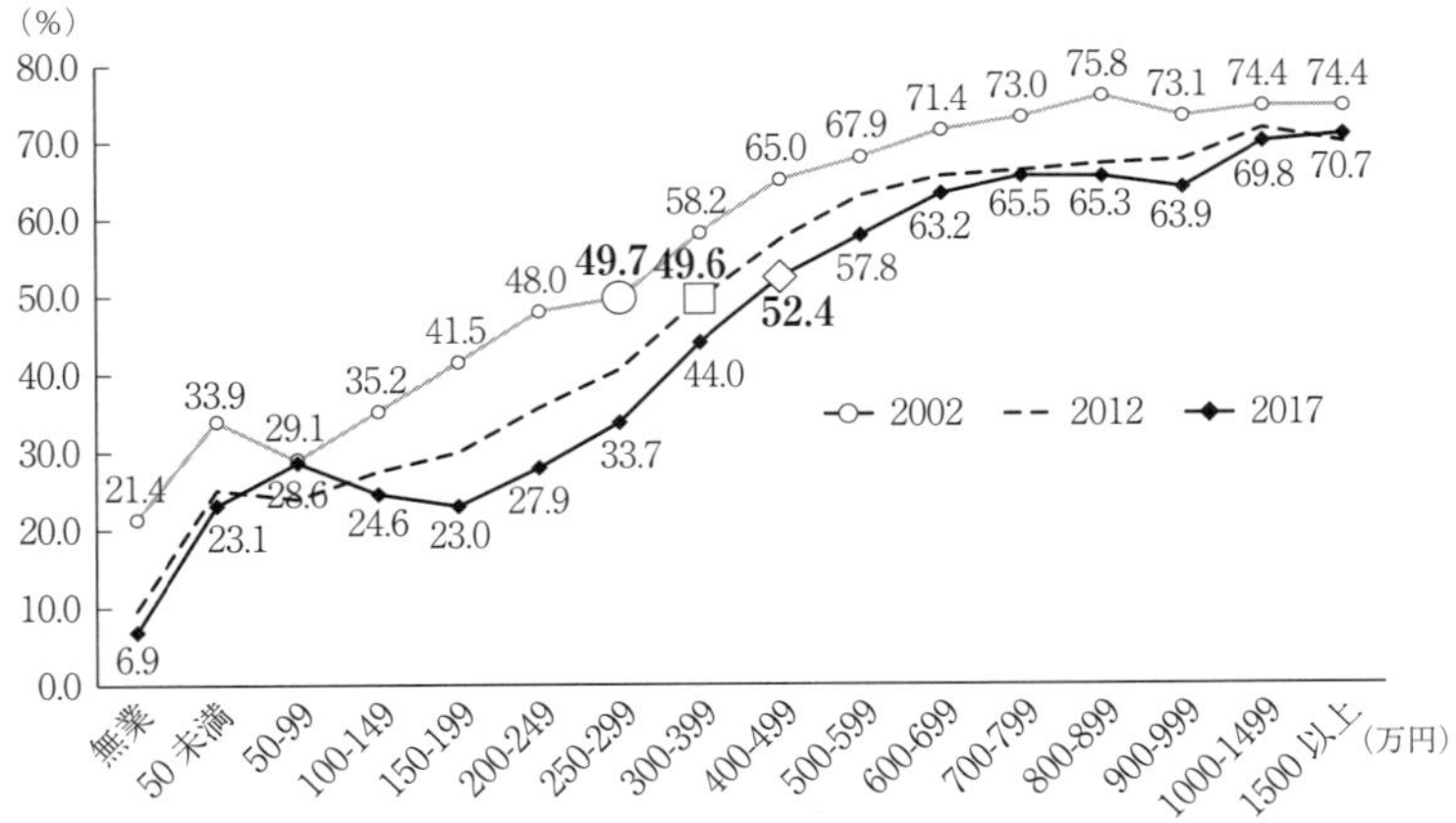

出所：就業構造基本調査.

図 3　40 歳代男性 就業状況／勤労所得別 夫婦と子をふくむ世帯の夫である割合

2　二つの条件の不在
――リビングウェイジの実現＋ライフコース上の特別需要の充足保障

二つの条件の組み合わせ

ここ一〇〇年ほどの福祉国家運動の歴史のなかで、貧困を排除できる（＝「生活ができる」）条件として広く理解されてきたのは以下の二つの組み合わせ――①リビングウェイジ（生活できる賃金）の実現、および、②ライフコース上の「特別需要」の充足保障――である。

①は、働く勤労者が正常な労働時間、安全な労働環境の下で、「通常時」の「ふつうの生活」をなんとかまかなえる賃金を確保することである。この場合の「通常時」とは②で想定する「特別需要」が生じていない場合を指す。「ふつうの生活」とはその地域、職域等での標準的な生活のことである。たとえば、現在の日本では、大都市部を除けば自動車を持つことは「ふつう」であり、地域や職場での付き合いに相当額の費用を出すことも「ふつう」である。

②は、ライフコース上の特別需要をすべての人が、少なくともナショナル・ミニマム水準で充足できる環境をつくることである。

特別需要に何を含めるかは時代と社会によって変わるが、現代の日本で仮に想定すれば、そこには、居住確保問題を別にしても、子の養育・教育、失業、職業訓練、傷病、労働災害、障害、要介護状態、高齢によるリタイアなどの場合に生ずる需要増加分がふくまれよう。対応する社会サービス（保育、医療、介護、学校教育、職業訓練、障害者福祉サービスなど）と余分な費用が必要となり、これらが不足すれば貧困、生活困難が生ずる。

これは、一九世紀の労働組合運動において、働き手の傷病、労働災害、失業、老齢による引退などに対処する共済組合の課題としてあつかわれたものの現代的拡大版である。

一九四二年の「ベヴァリッジ報告」では、国家の政策課題としてこうした特別需要が分析され、困窮を根絶する切り札としてそのナショナル・ミニマム水準での充足が主張された。同報告によれば、困窮の原因は一般的な賃金不足ではなく、そのほとんどは「稼得力の中断または喪失」、および、賃金と家族数が対応しないことによるとされ、これらに対処するため、前者に社会保険、後者に児童手当をあてる、生活のナショナル・ミニマム保障の構築が提起された。

児童手当と社会保険などによって困窮を排除できるという主張の大前提となったのは、稼得の中断または喪失がなく、かつ、三人家族までであれば、それをまかなう水準の賃金は、すでに実現している（上記①は充足されている）という認識であった。

リビングウェイジがすでに実現されている、という認識がどれほど正確であったかは大きな問題だが、重要なのは、リビングウェイジと特別需要充足の組み合わせによって、国家は困窮を根絶できるし、しなければならない、とする思想が大きな社会合意となったという事実である。後で見るが、日本社会は現在に至るもここには到達していない。

リビングウェイジを特別需要充足で補完すべきものとし、後者は国家財政によって行われるべきだ、とする考え方は、第一次世界大戦前、福祉国家型自由主義（“New Liberalism”）の理論的リーダーであったL・T・ホブハウスの主著『自由主義』（一九一一年）にも見られる（ホブハウス二〇一〇）。

日本におけるリビングウェイジの不在

ここでは、リビングウェイジにかかわる日本の現状を考える一つのモデルとして、「単身勤労者が通常時にふつうに生活できる水準」を想定する。これは、②の条件が高度に保障されている場合にかぎり（後述）、それと合わせて一人親子育て世帯でも「生活ができる」条件を形づくるものである。こうした条件が整わない場合、リビングウェイジは単身世帯に想定されるものよりも高額でなければならない。言いかえれば「単身者がふつうに生活できる」水準は、リビングウェイジに想定される賃金範囲の下限である。

単身勤労者がふつうに生活できるミニマム

それでは、単身者がふつうに暮らせる賃金水準はどのようなものか。

表2は、中澤秀一監修によって二〇一五～一七年に行われた生計費調査の結果である。一二の地域で行われたこの調査は、マーケットバスケット方式によるもので、二五歳の単身生活者を想定している。必要な居住、生活物品、サービス、各種支出を確定し、それらの標準的品質かつ最低の価格を調査して、それらを合計した消費支出額が推計のベースとなる。必要な物品、サービス、各種支出等は調査対象となった人びとの七割以上が同意したものが計上され、さらに、生活の多様性と変化を配慮して、消費支出の一割の予備費が加算され、消費支出、予備費、公租公課分が合計され

て最低生計費(月額、税込み)とされている。

大都市部か否かにかかわらず、必要な賃金月額は二二万円前後~二四万円台である。大都市の生計費の方が高いという予想はくつがえされるが、これは、食料などの支出がほとんど変わらない上に、大都市の居住費の高額と大都市以外地域での自動車保有費用が相殺されているからである。必要な時給は、一五〇〇円前後であり、現在の最低賃金額を大幅に超えている。二〇一七年賃金構造基本統計調査から推計すると、民間(非農林)雇用者(フルタイムおよび短時間労働者、五人以上企業)で、所定内時給が一五〇〇円未満の労働者の割合は五六・五%を占める。現在の日本では、リビングウェイジの下限の保障すらも、実現からほど遠い状況にあることが分かる。なお、現在までの最低賃金は、「ふつうの生活」はおろか、実際には、生活保護制度が想定する「最低限度」の生計費にも届かない。

調査結果

最低生計費(税抜月額)	最低生計費(税込月額)	月 150 時間換算	月 173.8 時間換算	2017年最低賃金額
180,105	224,983	1,500	1,294	810
178,789	216,083	1,441	1,243	738
179,516	216,944	1,446	1,248	738
191,297	228,664	1,524	1,316	738
182,917	220,284	1,469	1,267	739
183,716	221,091	1,474	1,272	772
184,652	221,972	1,480	1,277	748
190,824	241,879	1,613	1,392	871
194,718	242,005	1,613	1,392	778
199,997	246,659	1,644	1,419	832
179,383	226,945	1,513	1,306	871
177,760	227,536	1,517	1,309	737

・埼玉県については 2016 年,福岡県については 2017 年.
み),大学卒業後勤続 3 年,25 m² の 1DK(1K)の賃貸マ

療,交通・通信,教育,教養・娯楽,その他(理美容品,
支出×10%,最低生計費(税抜き)= 消費支出+予備費.
保険)」.
1500 円がつくる仕事と暮らし──「雇用崩壊」を乗り越

表 2　地域別最低生計費

都道府県名	自治体名	最賃ランク	消費支出	消費支出のうち住居費＋交通・通信	非消費支出	予備費
北海道	札幌市	C	163,805	48,660	44,878	16,300
青森県	青森市	D	162,589	64,342	37,294	16,200
秋田県	秋田市	D	163,216	64,710	37,428	16,300
岩手県	盛岡市	D	173,997	74,697	37,367	17,300
山形県	山形市	D	166,317	67,634	37,367	16,600
宮城県	仙台市	C	167,016	68,342	37,375	16,700
福島県	福島市	D	167,952	69,028	37,320	16,700
埼玉県	さいたま市	A	173,524	72,135	51,055	17,300
新潟県	新潟市	C	177,018	78,335	47,287	17,700
静岡県	静岡市	B	181,897	81,356	46,662	18,100
愛知県	名古屋市	A	163,083	64,062	47,562	16,300
福岡県	福岡市	C	161,660	47,613	49,776	16,100

注 1：調査実施年は，新潟県・静岡県・愛知県については 2015 年，北海道・東北 6 県
注 2：算定にあたってのモデルは，いずれも 25 歳単身世帯（この表は男性の結果の
　ンション・アパートに居住という設定.
注 3：消費支出＝食費，住居費，水道・光熱，家具・家事用品，被服・履物，保健医
　理美容サービス費，身の回り用品費，交際費，自由裁量費）の総和，予備費＝消費
注 4：非消費支出＝「所得税」，「住民税」，「社会保険料（厚生年金＋協会けんぽ＋雇用
出所：後藤道夫・中澤秀一・木下武男・今野晴貴・福祉国家構想研究会編『最低賃金
　える』大月書店，2018 年，36, 37 頁より作成.

日本型雇用による「生活できる」の想定とリビングウェイジ規範の違い

これまでの日本社会では、最低賃金フルタイム所得で労働者本人が生活できる、という要請がみたされたことはない。最低賃金の水準は非正規賃金の水準に規定されており、非正規賃金はきわめて低額であり続けた。

その背景となった考え方は「家計補助」賃金論――世帯の生活は主として男性世帯主の年功型賃金に依拠して成り立つはずであり、主婦パートなどの非正規労働者の賃金は「家計補助」賃金であるから、労働者本人が生活できる額である必要はない――である。この考え方が支配的で

あり続けたのは、日本型雇用／年功型賃金が強い社会標準の位置をもったためである。

「生活できる賃金」ということで言えば、旧来の日本では、年功型賃金で男性世帯主が世帯を養える賃金体系こそがそれにあたると理解されていた。現代のリビングウェイジ規範との違いは、①男性世帯主を想定した世帯単位による考え方であること、②一人前の働き手となった時点で「生活できる」のではなく、年齢とともに賃金が上昇することではじめて暮らせる、と想定していること、の二点であろう。「生活できる」は、女性をふくめた労働者一人一人が、一人前となった時点で家族形成が可能なこと、最低でも自分一人は生活できること、とは考えられてこなかった。

ヨーロッパ型のリビングウェイジ規範もある時期までは①を共有していた。だが、男女平等型に修正される以前も以後も、〈一人前になった後も年齢とともに賃金が上昇することではじめて暮らせる〉という理解は、リビングウェイジの概念には含まれていない。そもそも身体を使う生産労働者では、一人前になった以降、年齢とともに賃金が上がらないことがふつうであった。「不熟練職」では上昇しないだけでなく、スタート時の賃金も低い。そうした職種でも生活できて当たり前という主張こそが、不熟練労働者がふえた一九世紀末以降にリビングウェイジが労働運動の大きな流れとなったポイントなのである。なお、不熟練と考えられた職では「一人前」たる技能資格は特に存在しないことになるため、一定の年齢が目安とされておかしくない。最低賃金を適用される年齢が議論の対象となりうるのはこうした脈絡である。

最低賃金一五〇〇円――リビングウェイジ要求の表面化

近年の日本でも、すべての一人前労働者がリビングウェイジを得るべきだとの感覚が急増しつつある。「エキタス」の新宿でのデモ（二〇一五年一〇月）をきっかけとする、最低賃金一五〇〇円をめざす運動の登場は、このことを鮮明な形で示した。一五〇〇円を掲げるとりくみは各地で続き、全労協、全労連、連合東京も一五〇〇円を射程にいれている。リビングウェイジ要求は日本社会ではじめて、大きな力を持ったのである。

こうした変化の背景は、日本型雇用が縮小・解体し、男性労働者のなかでも旧来の年功型賃金が少数派となって、家計を担う男女非正規・低処遇正規が激増したことに求められよう。就業構造基本調査によれば、三〇歳代後半の男性雇用者で賃金年収が五〇〇万円を超える割合は、一九九七年の五一％が二〇一七年には三四％に減っている（二〇二一年物価水準による調整済み）。三〇代の五〇〇万円は旧来の年功型賃金（＝男性世帯主賃金）の一つの目安である。

ライフコース上の特別需要についてのナショナル・ミニマム保障の脆弱・不在

労働者一人一人についてのリビングウェイジが実現しておらず、そうすべきだという規範も合意されていない状況では、リビングウェイジと特別需要との福祉国家型範囲分担の議論は困難である。したがって、そうした範囲分担にもとづく生活保障のナショナル・ミニマムについての合意は、日本には存在していないと考えるべきであろう。

旧来の日本の社会制度は、男性世帯主の年功型賃金による家族形成を前提としたうえで、個々の世帯のその時々の勤労収入と貯蓄のみではカバーが容易でない特別需要の充足に「支援」（≠「保障」）を与えてきた。このやり方は、賃金の年功的上昇の想定と「世帯責任」主義、さらに強い性別役割分業と一体のものであり、そのため、個々人の生活のナショナル・ミニマム「保障」を直接の課題としていない。以下この項では、簡単に特別需要の充足「支援」の現状をながめておこう。社会保険でカバーされていない領域aとされている領域bに分けて考える。

a　居住確保、子どもの養育、教育、等

複数人数世帯の住まいの確保、子どもの養育、高校までの教育、高卒後の進学・職業準備などは、公的「保障」の対象ではなく、世帯主年齢上昇による賃金増と貯蓄／ローンに依拠してきた。単身時のふつうの生活が賃金で可能であることを仮に想定したとしても、賃金が上がらず、貯蓄もできなければ結婚・世帯形成・子育て等は困難となる。

日本では高校はもちろん、義務教育も無償ではない。表3は文科省「子供の学習費調査」によったものである。公立の学校教育費のみでも、子ども一人年間平均で小学校一〇・二万円、中学校一六・七万円、高校二四・三万円が支出され、補助学習費、学校外活動費をいれた学習費総額では、それぞれ、三二・二万円、四八・二万円、四一・〇万円という大きな額となる。年収四〇〇万円未満世帯に限っても、学校教育費はかわりなく、学習費総額でそれぞれ一〇万円前後少ないだけである。

二人の子どもが高校を卒業するまでの学習費総額の合計を、四〇〇万円未満世帯の数値をもとに推計すると、小中高ともに公立で七〇九万円となり、高校が私立だと一〇〇〇万円となる。

また、私立大学生がいる収入六〇〇万円未満の世帯（私立大学生がいる世帯の二二％）について、貯

表3　一人の子どもの教育にかかる年間平均費用

	区　分	小学校		中学校		高等学校（全日制）	
		公立	私立	公立	私立	公立	私立
世帯収入計	学校教育費（幼小中は給食費ふくむ）	10.2	93.2	16.7	102.7	24.3	74.0
	うち授業料	…	46.9	…	43.6	0.8	25.9
	補助学習費	8.7	30.2	24.6	19.5	13.5	20.5
	補助学習費以外の学校外活動費	13.2	30.2	6.9	11.7	3.2	5.1
	学習費総額	32.2	153.6	48.2	133.9	41.0	99.5
世帯収入400万円未満	学校教育費（幼小中は給食費ふくむ）	10.7	70.1	17.0	94.9	23.4	68.1
	補助学習費	4.5	15.1	15.5	14.1	7.9	9.5
	補助学習以外の学校外活動費	8.3	18.2	5.0	7.5	2.4	4.5
	学習費総額	23.5	103.4	37.5	116.5	33.7	82.1

（万円）

注1：学校教育費には学校に納付する金額のほか，通学費，学用品費，教師から指示された図書費，実験実習材料費，楽器購入費，クラブ活動費など，保護者が，子供に学校教育を受けさせるために支出した経費がふくまれる．
注2：補助学習費以外の学校外活動費には，習い事，スポーツ・レクリエーション活動，図書費，各種見学等の費用がふくまれる．
注3：世帯年収別の集計には，学校教育費，授業料，給食費の集計がないため，学校教育費は学習費総額から補助学習費，補助学習費以外の学校外活動費を引いて求めた．
出所：文科省，2014年「子供の学習費調査」．

蓄額と毎月の貯蓄取り崩し額をながめると、平均で毎月五・一万円がとり崩されており、貯蓄額平均は八二三万円である。国公立大学生の数は私立大学生の四分の一ほどだが、その年収六〇〇万円未満世帯（二五・五％）の貯蓄額平均は九一五万円、取り崩し平均は六・二万円と大差はない（二〇一四年「全国消費実態調査」）。高卒後の学校教育が相当額の貯蓄を必要としていることは明らかであろう。

居住を保障する制度は、生活保護を除き日本にはほとんど存在しない。そのため低所得世帯であっても、家賃負担あるいは持ち家購入の支払いは、生活努力の大きな部分を占めてきた。

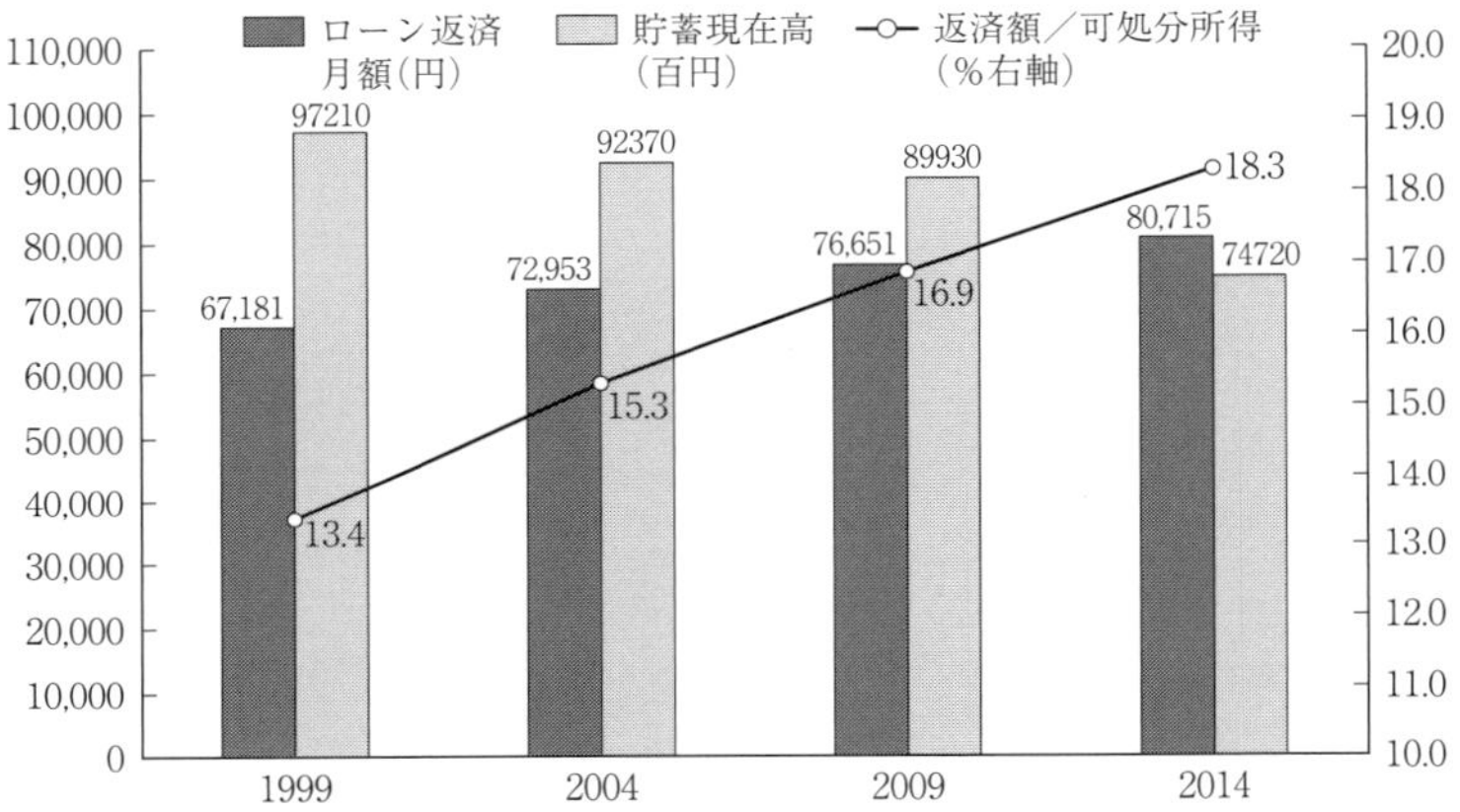

出所：全国消費実態調査.

図4　住宅・土地ローンのある40歳代世帯主の二人以上世帯 返済月額平均，その可処分所得平均に対する割合，貯蓄現在高

「全国消費実態調査」によれば、ローン支払いが可処分所得に占める割合は上昇し、ローン世帯の貯蓄現在高は大きく減少している（図4）。賃金の長期大幅低下が原因である。「国民生活基礎調査」によれば、世帯主が四〇歳代の世帯の持ち家率は、一九九八年の六七・六％から二〇一六年の六三・七％に減少した。なお、「国勢調査」によれば、親元にいる未婚男性割合が増加しており（四〇歳代では二〇年間で九ポイント増加、二〇一五年で約一四％）、この人びとは持ち家率推計の母数に含まれない。

近い将来に高齢での居住水準の低下、所得不足、貯蓄額不足が大規模に生ずる可能性が高い。相当額の貯蓄と持ち家で老後をむかえられる人びとは大きく減ると思われる。

b　日本の社会保険給付は「保障」ではなく「支援」

「保険事故」にたいする社会保険の給付として、特別需要時の所得減補塡および必要な社会サービスの確保が期待される領域がある。だが、こうした社会保険——労災保険、老齢年金保険、雇用保険、出産手当、傷病手当、育児休業給付、医療保険、介護保険など——は、そうした保険事故時の所得不足分と必要な社会サービスを「保障」するようにはつくられていない。制度ごとに事情は異なり、紙幅の関係で各論は省略するが、それらは全体として「支援」の水準である。保険給付だけでは所得不足、社会サービス受給困難が容易に生じ、それは貯蓄、親族からの支援、借金などで補うこと、つまり、自己責任・世帯責任によることが想定されている。

老齢年金の設計はその典型例である。民主党政権を除き日本の歴代政権は、高齢者の生活は老齢年金、貯蓄、アルバイト、子どもからの仕送りの四者でカバーすべきものであり、老齢年金のみで最低生活を保障することはあり得ないと明言し続けてきた。国民年金の水準は低い。

社会保険でも、被用者保険のカバー範囲は小さく設計されている。二〇一四年九月の厚労省資料によれば、六九歳未満の雇用労働者五四〇〇万人のうち、一五〇〇万人は被用者保険未加入である。そのうち九〇〇万人は短時間労働者であり、六〇〇万人はフルタイム労働者である。短時間労働者の被用者保険加入の改正があったが、加入者は二五万人増にすぎなかった。周知のように国民健康保険ではいまだに傷病手当も出産手当もなく、自営業者には廃業・転業する際の失業給付の制度も存在しない。

日本型雇用を軸とした例外的枠組とその機能崩壊

ａｂ両者の特徴的な部分を簡単にながめたが、結局、各種の特別需要の充足は、貯蓄／ローン、年功型で上昇する賃金による多額の支出を想定しており、特別需要をナショナル・ミニマム水準で公的に保障するという枠組は成立していない。リビングウェイジと特別需要を、そのようなものとして区分せず、「込み」にして男性世帯主の年功型賃金がカバーする、という想定である。

一九六〇年代から九〇年代半ばまでの日本社会は、居住保障、教育保障、医療・介護保障などが脆弱でありながら、同時に、長期雇用と年功型賃金の水準上昇によって、特別需要へのこうした対応が可能な人口割合が例外的に多かった。金融広報中央委員会によれば、二人以上世帯では、一九六〇年代後半から九二年まで金融資産非保有率は一桁であり、一九九七年でも一〇％にすぎない。

この時代、国家による生活の支えは、大企業援助を軸とした経済成長促進による、雇用拡大・賃金上昇の広がりを中心に行われ、ヨーロッパ福祉国家諸国のような、特別需要を充足することで、国家が直接に人々の生活を支えるやり方は、副次的で小さな規模のものとなった。長期にわたって、日本の公的財政支出の中心は公共事業であり、居住保障、教育保障、社会保障等への税支出はそれをはるかに下回った。われわれは、こうした国家と社会のあり方を、福祉国家体制に対比して「開発主義国家体制」とよんでいる(後藤二〇〇二参照)。

経済グローバリズムの深化・拡大と日本型雇用の縮小・解体によって、状況は変わった。貧困・困窮の深刻な拡大は、旧来型枠組の機能崩壊に起因しているのである。

3　福祉国家型生活保障のモデル枠組
――個人単位、賃金と社会保障をセットで

実現すべき生活保障は、原則として、世帯単位ではなく個人単位で設計されるべきである。たとえば、未成年の子の基礎的養育費、教育や医療のコストなどは親責任とするのではなく、「勤労せず所得がない個人」への給付として社会が保障する。低所得高齢者への最低所得「保障」、医療／介護「保障」も親族の責任ではなく、社会保障制度の責務とする。一般に、非勤労者の「最低限度の生活」の保障は世帯責任、親族責任とはしない。

くりかえしになるが、こうした原則の大前提は、勤労する個人がリビングウェイジを確保できていることである。

生活保障は、①所得、②基礎的社会サービス、③居住、の三つの領域に即し、それぞれの必要をみたす形で行われる。うち、居住は世帯単位、所得と基礎的社会サービスは個人単位で保障される。

所得保障

所得保障の基本原則は、（a）勤労者は勤労所得によって、少なくとも本人の標準的水準の生活費（特別需要を除く）をまかない、（b）非勤労者（子ども、職業準備・訓練中の人々、失業者、傷病・障害者、要介護者、リタイヤした高齢者、出産休業・育児休業中の人々など）は、社会保障による所得給付で少な

表 4　生活保障のモデル枠組

	所得保障	基礎的社会サービス	居　住
勤労者	リビングウェイジ(標準的生活が可能な水準)	公的責任による現物給付で必要充足	公的住宅の十分な供給，低所得世帯への住居費補助など
非勤労者	個人への最低所得保障		

くとも最低限度の生活費をまかなう、ということである。

なお、すべての勤労者がリビングウェイジを保障されることは、非勤労者が最低生活に必要な所得を保障されるための不可欠の前提条件である。その理由として三点、指摘したい。

第一に、老齢年金、雇用保険、傷病保険など、非勤労状態となったときに給付される社会保険の給付額は、たとえば傷病手当では通常の賃金の三分の二が給付される。したがって、もともとの賃金額が低ければ、給付は最低限度の生活に必要な額を下回る。実際、低賃金の単身非正規労働者が傷病手当によって、十分な療養生活を送ることはむずかしい。

そうならないためには、通常の賃金額が最低限度の生活費の数割増しでなければならない。傷病手当を例にとり、都市部の単身者の生活扶助費と住宅扶助費の合計を最低生活費として、傷病手当による可処分所得がこれを下回らない通常時の賃金時給を試算すると、東京二三区で一六四二円、岡山市で一三九二円、函館市で一三二九円となった(二〇一五年を想定)。他方、賃金による可処分所得が最低生活費(＋勤労必要費用)を下回らない時給は、それぞれ、一二五二円、一〇七一円、一〇二六円である。(2)

月額にして数万円の差となるが、この差は、失業、傷病などの「保険事故」がない場合、勤労者が「最低限度の生活」ではなく、将来の準備をし、休息、交際、趣味を楽しむ「ふつうの生活」を保障するものと考えてよい。

第二に、相当数の労働者が、「ふつうの生活」はおろか「最低限度の生活」にも届かない賃金で働いている場合、彼らは非勤労者の「最低限度の生活」が保障されるのを歓迎しない可能性が高くなる。ふだんフルタイムで働いている人間の生活が、非勤労者の生活水準を下回るのは、資本主義社会の支配的な勤労倫理にそぐわず、しかも、日本の場合は、勤労者の最低生活費未満の収入からも所得税・社会保険料が徴収されるため、不公平感がいっそう大きい。

実際に、現在の日本社会ではこうした「逆転」が広くおきており、このことが、社会保障の給付水準を引き下げる大きな梃子《てこ》として使われている。年金を受給する高齢者への敵意、生活保護や障害者福祉へのバッシングなどは、その現れである。広汎な低賃金の存在は、最低生活保障の形成を妨害するのである。

日本の生活保護制度の非常に特異なあり方も、こうした事情の一例である。制度の捕捉率が異様に低く、しかも、歴代の政権はこの低い捕捉率を上げる努力を拒否してきた。日本では、非勤労者、勤労者を問わず、最低生活を「保障」する制度は生活保護制度のみだが、この制度は、莫大な数の勤労貧困者の存在をあたりまえの、しかし暗黙の前提として運営されている。そのため実際には、生活保護制度は、貧困者全般ではなく、それよりずっと少ないであろう「特殊な弱者」のみを救う制度として位置付けられており、生活保護の受給はきわめて強く抑制され続けてきた。生活保護制度による「最低生活費」を下回る世帯でも、その圧倒的多数は生活保護から排除され、あるいは、スティグマを負わされるのを嫌って自らこれを忌避してきたのである。

第三に、社会保険の保険料総額は賃金総額に比例しているため、一人では生活できない賃金額の勤労者が大幅に増え、賃金総額が下がれば、老齢年金をふくむ給付額は大きく目減りする可能性が高くなる。同時に、所得税収も下がるため、税による社会保障給付にも影響が出る。

非勤労者の所得保障

非勤労者が「最低限度の生活」をおくれる額の所得を、社会保障は給付すべきである。高齢者への「最低保障年金」が作られる必要があるが、その額は、一人での生活を可能とするものでなければならない。次に見るように、居住保障と医療、介護、障害者福祉などの社会サービスの保障が別になされていれば、高齢者、障害者の最低保障年金額は、原理的には、生活保護の生活扶助一人分に近くなるはずである。

これまでの日本の「常識」によれば、年金が不足する高齢者の生活費補塡を子どもは行う義務があり、高齢者の最低限度の生活の確保は、生活保護を除けば、最終的には世帯責任にまかされる。これは、子の世代の賃金の大幅下落とともに、まったく実情にあわず、低年金高齢者の貧困を放置し、あるいは、老親と子の共倒れを発生させるものとなっている。

障害年金は現状ではきわめて低額であり、一人で暮らせる状態からほど遠い。要介助の障害者の場合、年金等をあわせた本人の可処分所得が年間一二二万円（政府推計の相対的貧困率の基準＝二〇一五年）を下回る割合は、二〇〜三九歳で七八・五％の高率である（要介助障害者以外の人では四七・三％）（山田他二〇一五）。障害者の親との同居率は四〇歳代前半まで五〇％をこえており、生活保護利用率は国民平均の六・七倍である（きょうされん「障害のある人の地域生活実態調査報告書」二〇一六年）。高齢者と同じく、一人での生活が可能な社会保障環境と所得保障が必要である。

同様に、一八歳未満の子どものほとんどは非勤労者であるため、すべての子どもが児童手当を給付されて当然である。児童手当の額は、居住と教育・医療などの社会サービスが保障されれば、生活扶助額一人分でよい。児童手当は本来、非勤労者である子ども自身に対する所得給付であり、親の所得への補塡ではないため、親の所得の多寡を給付に関連づけるべきではない。高所得の親は高い所得税を通じて社会に貢献すればよいだけの話である。子ども、高齢者も、所得、資産が高い個人には相応の税負担を課す。

非勤労者である子どもへの基礎的生活費給付という考え方を貫けば、職業準備中の若者もその対象となるのは自然であり、ヨーロッパ諸国では児童手当の上限年齢は長期的に上昇している。たとえば、ドイツのように、大学・大学院や職業訓練施設等にかよう若者は二五歳まで児童手当の対象とする国もある。

なお、現在の日本の児童手当は、子どもの基礎的養育費確保を親責任としたうえで、その責任をはたすのが困難な親への所得支援を行う、という枠組で作られている。この枠組に従えば、親の所得額に応じた給付制限は当然の措置となる。だが、仮に、親に子どもの基礎的養育費確保の責任があるとすれば、最低賃金はそれを可能とする水準を備えていなければならないはずである。なお、現在の福祉国家諸国の多くは、第一子から所得制限なしに児童手当を給付している。

また、雇用保険給付、傷病手当、出産手当、育児休業給付など、勤労中断時の所得保障は、賃金の大幅底上げと制度改良（低賃金時の給付率引き上げ、失業扶助制度の新設など）とによって、個人の最低限度の生活費を保障できるように改良すべきである。

リビングウェイジが確保され、上記の所得保障制度が整備されれば、生活保護制度は現在のような唯一の生活「保障」制度という位置から解放され、より補完的な機能をもつこととなろう。くりかえしになるが、リビングウェイジを確保する賃金運動が強くあってこそ、こうした所得保障が確立でき、生活保護等をめぐる無用でみじめな対立も解消されるのである。

基礎的社会サービス――勤労者、非勤労者ともに、公的責任で現物給付

保育、学校教育、医療、介護、母子保健、障害者福祉、職業訓練などは、必要な場合に利用できなければ「ふつうの生活」が困難になる、そうした「基礎的社会サービス」である。勤労者、非勤労者ともに、基礎的社会サービスは、公的責任による原則無条件の現物給付によってその必要を充足すべきである。

基礎的社会サービスの給付には、現金給付と現物給付との二種類がある。現金給付は、商品化されたサービスを市場で買うために必要な現金の一部を、限度を定めて給付するもので、介護保険が典型的である。これにたいし、現物給付は、必要と判断された質と量の社会サービスを原則無条件で現物で給付する。妊娠中および出産後の検診を保障する母子保健や旧来の公的保育はその典型的なタイプであり、義務教育制度も大枠は同様である。また、医療保険は現金給付型への転換圧力にさらされ続けているが、依然として現物給付型である（後藤二〇一四参照）。

公的責任による現物給付が求められるのは以下の理由による。①給付上限や代金支払いなどの条件をつけず、必要と判断された社会サービスを現物で提供するため、利用者との協議にもとづく必要のアセスメントが十全に行われることができ、同時に、利用料等がはらえずにサービスを受給できない人をなくすことができる。②サービスの供給そのものについて公的機関が責任を持つことで、たとえば介護事業所が近所にない、というような状態をなくすことができる。③基礎的社会サービスにかかるニーズは個別的かつ可変的であることが多いため、実情にみあうサービス提供には、保育士、教師、医師、介護士など専門性を持った現場担当者の十分な裁量が必要である。現金給付方式はサービスとその価格をあらかじめ固定せざるをえず、現在の介護保険のケアマネージャーのように、裁量が強く制限される。

なお、必要性の判断に基づく現物給付が「過剰給付」とならないために、基礎的社会サービスを提供する事業体は、少なくとも「非営利」事業体でなければならない。学校法人、医療法人、福祉法人等の非営利原則は重要な意味を持つ。営利企業を参入させる規制撤廃は、現物給付による必要充足の枠組そのものを破壊する。

現物給付を公的保育を例にとって説明しよう。保育料は所得に応じて徴収されているが、親が保育料を払わない場合でも、子どもを保育所から退園させることは児童福祉法で禁じられている。つまり、保育サービスの給付は親が支払う保育料と引き替えではない。旧来からの公的保育の原則は、「保育に欠ける子」(=保育が必要な子)がいる場合、自治体は保育を実施しなければならない、という単純明快なものである。保育料支払いは、保育を自治体が提供する義務とはまったく別次元であり、不当に支払わなければ取り立て等の措置がとられるだけのことであり、子どもの保育が行われるか否かには影響がない。

介護保険はこれとまったく違い、利用料と引きかえに介護サービスが提供される。利用料が支払われなければ介護もない。介護保険にもとづく通所介護施設の場合、インフルエンザの流行などでサービス提供を休止した期間は事業者に収入はない。これにたいして現物給付である公的保育では、保育を実施する体制を維持する義務が自治体にあるため、休園の期間であっても必要な人件費や運営費は確保される。

居住の権利の保障

日本国憲法二五条の「健康で文化的な最低限度の生活」を営む権利が、「健康で文化的な生活を営むに足る住宅と住環境に安心して居住できる権利」(福祉国家と基本法研究会他編二〇一一、一二〇―一二五頁参照)をふくむことは明白と思われるが、日本の法律には明確に「居住の権利」を定めたものはない。

居住むけの日本の公的社会支出は、二〇一三年で、対GDP〇・一二％(五八七六億円)と、アメリカ〇・二七％、イギリス一・四五％、ドイツ〇・五九％、フランス〇・八三％、スウェーデン〇・四六％などと比較して極端に少ない。しかも、五八七六億円のうち住宅扶助が五七九八億円を占めており、公的住宅の建設・維持にもほとんど費用が支出されていない。国土交通省による最低居住基準も、それを守らせるための実効的な政策に欠けており、逆に、基準未満となる借家の大量の存在が、生活保護制度の住宅扶助切り下げの理由として財務省に使われるほどの状態である。長期にわたる「持ち家主義」と新自由主義による社会保障削減は、公的住宅政策をほとんど破壊した。

低家賃・無料の公的住宅はまったく不足しており、緊急の政策転換が必要である。加えて、厳しくない所得制限を備えた低所得者向けの住宅補助制度の創設を急ぐ必要があろう。

上記の所得保障と基礎的社会サービスの保障に必要な財政増加分は、おそらく、三〇～四〇兆円程度であろう（岡崎他編二〇一七の「おわりに」三七二―三七三頁を参照されたい）。加えて、高齢者割合の急激な増加による医療費、介護費等の相当量の増加が見込まれる。開発主義国家体制に不信を抱き続けてきた国民が、大きな社会保障財政への合意にいたるには、大きなエネルギーと時間とが必要であろう。だが、ほかの途は困難である。

「生活できる条件」の福祉国家型再建モデルについては、多くの異論があろう。だが、こうした諸論点を広く議論することなしに、貧困や社会的危機を克服する運動が大きく前進することは難しい。もとより、現代のそうした運動は、同時に日々のミクロな改善努力の積み重ねでもあり、それは運動の担い手自身が自己の内面とどうつきあうのか、問われ続ける営為となろう。だからこそ、運動に関心を持つ人びとは、大きな社会把握と自己の内面との対話との両者から逃げないでほしいと切に思う。新自由主義改革が本格化しはじめた二十数年前に議論しながらつくった言葉をこの小文の最後としたい。「視点をずっと高い位置にもっていくことと、個人の内面をより深くえぐることが非常に近い作業となる、そういう時代にわれわれはいる」（後藤他編一九九五）。

（1）福祉国家の歴史的把握、および、現代の経済グローバリズム期に即した「新福祉国家」構想については、紙幅の制約により本章では割愛する。後藤（二〇〇二）および後藤（二〇〇六）を参照されたい。
（2）勤労必要費用は生活保護の要否判定に用いられる勤労控除表を用いた。なお、傷病手当から引かれる公租公課は地方税と社会保険料である。月間労働時間は一五五時間とした。

参考文献

岡崎祐司・福祉国家構想研究会編（二〇一七）『老後不安社会からの転換——介護保険から高齢者ケア保障へ』大月書店
後藤道夫他編著（一九九五）『ラディカルに哲学する5　新たな社会への基礎イメージ』大月書店
後藤道夫（二〇〇一）『収縮する日本型〈大衆社会〉——経済グローバリズムと国民の分裂』旬報社
後藤道夫（二〇〇二）「開発主義国家体制」『ポリティーク』第五号
後藤道夫（二〇〇六）『戦後思想ヘゲモニーの終焉と新福祉国家構想』旬報社
後藤道夫（二〇一四）「安倍政権の社会保障改革と労働改革——皆保険体制の解体と労働移動強制」渡辺治他『〈大国〉への執念——安倍政権と日本の危機』大月書店
後藤道夫（二〇一七）「「相対的貧困率」の改善と貧困の拡大・深化」『POSSE』第三六号
福祉国家と基本法研究会・井上英夫・後藤道夫・渡辺治編著（二〇一一）『新たな福祉国家を展望する——社会保障基本法・社会保障憲章の提言』旬報社
ホブハウス、L・T（二〇一〇）『自由主義——福祉国家への思想的転換』大月書店
山田篤裕・百瀬優・四方理人（二〇一五）「障害等により手助けや見守りを要する人の貧困の実態」『貧困研究』第一五号

第二部　「新しい労働運動」の構想

4

新しい労働運動が、社会を守り、社会を変える

今野晴貴

はじめに

今日の労働運動は、停滞と新しい胎動が同時に現われているように思う。停滞というのは、連合をはじめとする「旧来」の労働組合運動が、決定的に機能不全に陥り、社会からも見放されてしまいつつあるということだ。

日本最大のナショナルセンターである連合は、五年間続く「官製春闘」に加え、二〇一七年三月一三日には、「時間外労働の上限規制等に関する労使合意」を結んだ。ところが、その内容は「単月は一〇〇時間を基準値」という極めて低劣なものであった。また、連合中央本部は、過労死促進法として悪名高い「高度プロフェッショナル制度」の導入も一時容認する姿勢を見せていた。もちろん、これらの動きには連合内部からも批判が噴出し、後者については撤回に至っている。だが、連合が多くの労働者を失望させたことは明らかだ。

社会からの批判は労働組合関係者が想像するよりもずっと厳しいものだ。そもそも、三六協定で長時間労働を容認し、過労死を促進してきたのは協定相手の企業内組合ではないか、という意見が社会に広く浸透している(組合関係者はネット上のそうした声を知りさえしないかもしれない)。筆者に対しても、SNS上で「労働組合を擁護することは過労死の容認を支持するのと同義である」という趣旨の手厳しい指摘がたびたび寄せられる。

そしてついには、日本最大の企業であるトヨタで春闘における賃金要求額が開示されない事態となった。すなわち、日本の主要労組のレゾンデートルともいえる、春闘の機能が完全に喪失しつつあるのである。

このように、旧来の労働運動がその存在意義を決定的に失う一方で、これらとはまったく異なる「新しい胎動」が現れている。春闘による賃上げだけを求めるのではなく、非正規雇用の差別・格差問題や、過重労働、違法行為などを問題化し、ストライキ権をも行使する。端的にいえば、本来の「ユニオニズム」の精神を取り戻した社会運動的な労働組合が台頭している。[1]

ところで、新しい労働運動の台頭は、格差が拡大し、労働者が貧しくなったのだから、「当たり前」の動きだと思われるかもしれない。確かに、格差の拡大は労働運動が台頭した一つの要因ではあるだろう。しかし、今日の新しい労働運動は、その要求や組織形態などにおいて、これまでとは一線を画する「新しさ」を宿している。本書の主題である社会運動の意義の観点からも、その「新しさ」を理解することは極めて重要だ。ただ「貧しくなったから運動が盛り上がっている」と考えるだけでは、この新しい運動が、「なぜ旧来の労働運動よりも格差を縮小させることができるのか」や、あるいは、それだけではなく、「なぜ社会を守り、社会を変えることさえもできるのか」、というそのポジティブな可能性を理解することができないからである。また、私たちが主体的に何に、どう取り組むべきなのかを考えるためにも、この「新しさ」を理解することが極めて重要である。

そして実際に、新しい労働運動は、ただ「貧しい」という以上の内実を持っている。今日のユニオニズムにおける「新しさ」とは、彼らの①交渉戦術、②労使紛争の職業・産業的な属性、③労働者の階層性という相互に関係する三つの点から分析できるのだ。

本章では、今日の労使紛争の分析を手掛かりとして、これらの「新しい労働運動」の可能性について考えていきたい。

1　変化する労働運動の「対抗軸」

変化の「過渡期」としての年越し派遣村

今日の変化を考えるうえで、二〇〇〇年代後半に現れた「反貧困」の社会運動と結びついた労働運動を抜きにすることはできない。とりわけ二〇〇八年末に行われた「派遣村」は、今日の新しい労働運動へと架橋する過渡的な性質をもっていた。

まず、若い読者のために「派遣村」とは何かを簡単に述べておこう。「派遣村」とは、行き場のない失業者たちが、日比谷公園の厚生労働省前にテント村を作り、湯浅誠氏が村長となって、一時的な生活の場を形成した社会・労働運動である。

二〇〇八年秋、リーマンショックを契機として、世界的な不況に陥り、電機・自動車工場で働く派遣・請負労働者たちに対する大規模なリストラ（これは当時「派遣切り」と呼ばれた）が行われ、大量の失業者が発生した。しかも、派遣・請負労働者たちの多くは全国を転々とする住み込み労働者であったため、この大リストラの嵐は大量の「ホームレス」までも生み出した(2)。

そもそも、二〇〇〇年代後半当時は、派遣に限らず非正規雇用の急激な増加を主たる背景として「反貧困」が叫ばれ、日本社会に溢れる貧困者の問題が大きな社会問題となっていた。九〇年代末から非正規雇用は急激に増大し、それにともなって「働く貧困層＝ワーキングプア」が社会に蔓延し始めていた。そうした中で、製造業派遣・請負労働者は企業からいつでも解雇できる低コストの労働力として利用され、違法な「偽装請負」も繰り返されていた。そのうえ、政府は偽装請負そのものを合法化する派遣法の改正を行うなど、政策的・意図的に派遣労働の拡大を図っていたのである。こうしたことから、製造業派遣・請負労働は、リーマンショック期の以前から、「貧困問題」の象徴的な存在だった。

非正規労働者たちの窮状をあらわにした「派遣村」の様子は、二〇〇八年から二〇〇九年の年末年始にかけて連日報道され、日本社会に貧困・労働問題の存在を強く印象付けた。それは、反貧困運動と結びついて成長した非正規労働運動の、「到達点」とも言える出来事だった。そして、「派遣村」を契機としてついには民主党政権への交代をも引き起こしたのである。労働運動がかつてなく日本社会に影響を与えた瞬間だった。

では、「派遣村」は労働運動という観点から見た場合、何が新しかったのだろうか。

①労働者自身による権利主張

第一に、「闘う労働者」の表象が前面に押し出されていたことである。それまでの労働運動の多くは職場内の「見えない」労使交渉や制度批判、国会議員の選挙運動などにとどまっていた。労使交渉は、どこかの遠い企業でおきる無関係の人たちの出来事に過ぎず、春闘や選挙活動も、具体的な急進性が見えづらいために共感の広がりは薄れていった。

これに対し、当時の反貧困の労働運動は、組合員の労働者たちがメディアに登場し、自分たちの状況や社会の問題を訴えかけていた。文字通り、彼らを使用する製造企業や、彼らを雇う派遣会社、そして、非正規化を促進する財界に対し、労働者自身が具体的な問題に抗議し、交渉を行っていた。ただし、もちろん、当時の派遣労働者たちだけが当事者性を押し出した闘争を行っていたわけではない。それ以前から、コミュニティ・ユニオンによる権利主張、例えば管理職ユニオンや首都圏青年ユニオンでは、多くの当事者が声を上げる取り組みを行っていた。二〇〇〇年代後半の製造業派遣労働者たちの運動は、そのような労働者自身による権利主張の運動が発展し、全面化したものであった。

派遣法という国政レベルの問題に対しても、労働者自身が中心となった運動が企業や労組を超えて展開された。政党やナショナルセンターといった代表組織だけではなく、労働者たち自身の闘いと訴えが法的・政治的問題に対する世論を動かしていた。

②個別の企業を超え、非正規雇用の社会的不公正を問題とした

第二に、製造業派遣・請負労働者たちの運動は、個別の企業内での個別の労働者たちの利害関係を超えた問題を提起していた。それまでの労働運動の最大の闘争課題は、常に「解雇問題」(あるいはベア)であった。企業別労働組合は、今日では大きな問題となっている長時間労働・過労死や非正規雇用問題にはほとんど関心を示さなかった一方で、「正社員の解雇」(つまりは、リストラ)に対してだけでは頑強に抵抗した(ただし、九〇年代末から二〇〇〇年代前半にかけて、大企業の組織労働者たち

でさえ，雇用が保障されなくなっていった）。

ところが、個別の企業の一部の正社員労働者たちの解雇問題は、あくまでも特定の労働者の問題にすぎず、多くの人にとって「他人事」にすぎない。はっきり言えば、ほとんどの労働者にとって、どこか別の企業の社員がリストラされようが、まったく関心事にはならない。それどころか、それが大手の高賃金企業であれば（企業別労組がある企業は大半の場合大手企業である）、リストラされる労働者たちに対し、「そもそも給料をもらいすぎなのだ」という感想さえ抱くかもしれない。下請け企業や非正規労働者であれば、なおさらこのような反発は強い。

しかし、「派遣村」は多くの労働者にとっての関心事となった。それは、彼らの労働運動が、単なる個別労働者のリストラ問題や待遇改善の問題だけではなく、派遣労働者全体、あるいは非正規雇用全体の問題について訴えていたからである。

③生産性とのバーターではない

第三に、派遣村の労働運動は、個別の業績（生産性）の上昇に対し、成果を分け合うという二〇世紀型の労使交渉の枠組みを超えていた。

二〇世紀型労働運動においては企業の生産性の向上に寄与し、それによって得られた収益の分配を交渉するという「生産性＝賃金」の取引を行うことが、労使交渉の趣旨とされてきた。このような意味の賃上げを実現する回路が、日本の場合には春闘である。しかし、後述するように、労働運動の課題は生産性を高めることに貢献し、それに応じた賃金を要求するということにとどまるものでは決してない。むしろ、労働運動の長い歴史の中で、そのように矮小化した労働運動は二〇世紀に特殊な形態であったといってよい。

だが、企業別労働組合は企業の収益が劇的に増加しない限り、労働者は賃上げを要求してはならないという自己規制の論理にはまりこんでいる。二〇一九年の春闘でも、トヨタ労組の西野勝義執行委員長は、「危機感についてトップとの間で少し隔たりがあり、我々の主張が会社の期待するレベルに達していなかった。競争力強化に向けて何をすべきか、職場と一緒に取り組みたい」と述べ、労組側の要求に経営側への配慮が足りなかったことについて反省の弁を述べている。この言葉に端的に示されているように、現在の労働運動の主流は「企業の期待に応えてはじめて報酬が分け与えてもらえる」という論理に閉塞され、それゆえに、社会的な広がりも、企業に蹂躙される非正規雇用の組織化もまともに行わないのである。

これに対し、派遣労働者たちの運動は、企業の業績からは独立した、自分たちの生活・生存に対する「論理」を持っていた。不当な差別、低賃金、「使い捨て」への抵抗は、これまでの労働運動を根底から覆す論理を胚胎していたのである。反貧困運動における「生きさせろ」というスローガンはその象徴であった。企業の業績はどうあれ、「生きる権利がある」というこのスローガンは、まさに二〇世紀的な労働運動を超克している。当然、これは②で述べた個別企業の論理を乗り越えることと強く連動していた。

派遣労働者たちは、グローバリゼーションの中で生産性と賃金の両立がもはや成立せず、一方的に賃金の切り下げ（使い捨て労働）が跋扈する中で、企業の生産性の論理とはまったく異なる論理を立てざるを得なかったのである。

④「社会運動」としての性質

第四に、派遣村の社会運動では、市民、消費者への訴えかけが広範に行われ、また、産業のあり方そのものをも問うていた。すでに述べたように、「派遣村」は個別企業との賃上げ交渉を超えた、社会への訴えかけによって事態を打開しようとした。派遣労働者は彼らを実際に使用し、解雇の実質的な権限を持っている派遣先企業に対し、労働法上の権利を有していない。それにもかかわらず、彼らは社会運動の力によって、労使交渉と権利の実現を獲得した(3)。

例えば、派遣労働者の労働運動は、当時東北楽天ゴールデンイーグルスの本拠地のあった「フルキャストスタジアム宮城」に対し、命名権を持つフルキャストセントラルが引き起こしている労働問題を訴える行動を市民に向けて行った（同スタジアムの名称はその後変更された）。また、リーマンショック後の二〇〇九年一月には、経団連の新年祝賀会に「派遣村」の関係者が申し入れを行い、メディア・世論の大きな注目を集めた。多くの労働者が失業し、ホームレスになる中で、問題を引き起こしている財界の面々が新年を祝う姿が、世論に反感を持って受け止められた。

実際に、このような社会的な世論を背景として、リーマンショック期以後、大手企業との労使交渉において、派遣労働者たちの運動は、多くのケースで派遣先企業（大手電機メーカーなど）に対し、解雇についての和解金（解決金）を勝ち取るなどの成果を収めている。

こうした世論に訴えかける社会運動としての性質は、すでに述べた諸特徴（①〜③）とも深くかかわる。①労働者が声を上げ、②③企業を超えた社会的問題を提起し、④世論が労働者の主張を後押しすることで、労使交渉が進展するということである。例えば、派遣労働者全体の待遇改善を要求した「日研総業ユニオン」は、全国の派遣先で働く日研総業の労働者全体の待遇改善（寮費の値下げなど）を実現しているが、このような成果が実現した背景にも、労働者の社会への訴えかけの結果、強い世論の後押しがあったことが読み取れる。

⑤階層政治の転換

第五に、派遣村の運動は、それまでの政治的なヘゲモニーを一新した。それは、彼らが自分たちの「階層性」を明確に表現する社会運動であり、なおかつ彼らの「階層性」の表現こそが、日本社会を改革する普遍的な位置を占めていたからである。この点はとりわけ重要であるので、やや長くなるが、詳しく解説しておきたい。

日本社会では、戦後の労働運動によって多くの労働者に正社員として終身雇用・年功賃金が適用されてきた。その一方で、家計を支える男性正社員が終身雇用・年功賃金であることを前提として、政府による社会保障政策は極めて脆弱であり続けた。そのため、日本社会では以前から、企業の年功賃金や企業福祉が適用されない失業者や非正規雇用労働者は、たちまち貧困に陥るという構造を有していた（本書第３章（後藤道夫）参照）。実際に、九〇年代には「主婦パート」(4)の労働者が増加したが、彼らは男性正社員の配偶者を持つことが前提とされており、極めて低賃金である。離婚などによってシングルマザーとなれば、極端な貧困状態となることが、当時からすでに社会問題となっていた。

二〇〇〇年代にはいると貧困者は急激に増加した。一九九八年、二〇〇四年に正社員の大規模なリストラが行われたことに加え、家計を自立する若年非正規雇用（家計自立型非正規雇用）が増加したからである。彼らは九〇年代までに増加していた「主婦パート」とは異なり、すでに紹介した製造業派遣・請負労働者のように、自ら家計を自立しなければならない労働者たちである。

一方で、財界は自ら非正規雇用を増大させたにもかかわらず、主婦パートに対しては、「夫に養われている二流の労働者」、若年非正規雇用に対しては「自立する気がなく、自由できままな労働者（「フリーター」）」であると表象することで、差別を正当化する戦略をとった。非正規化する若者は知能が低い、人間力が乏しいなどという、レイシズムに類するような「若者バッシング」が吹き荒れた。

問題は、主流労働組合の大部分も企業の差別雇用戦略や、これと連動した「若者バッシング」、さらには貧困者へのスティグマに抵抗できず、場合によっては加担さえしてきたという事実である。主流の労働組合は、長い間非正規雇用を正規雇用と同等の労働者とはみなさず、彼らの差別賃金を容認し、財界や政府と同じように、差別的にあつかった。また、終身雇用・年功賃金を要求する日本の企業別組合を中心とした労働組合は、税による再分配について、非正規雇用・貧困者をも含みこんだ普遍的な社会サービスの充実ではなく、年功賃金を支える企業の成長戦略に振り向けるように望んできた。つまり、日本の労働運動は非正規雇用や貧困者たちの利害を代表してはいなかったのである（本書第5章（木下武男）参照）。

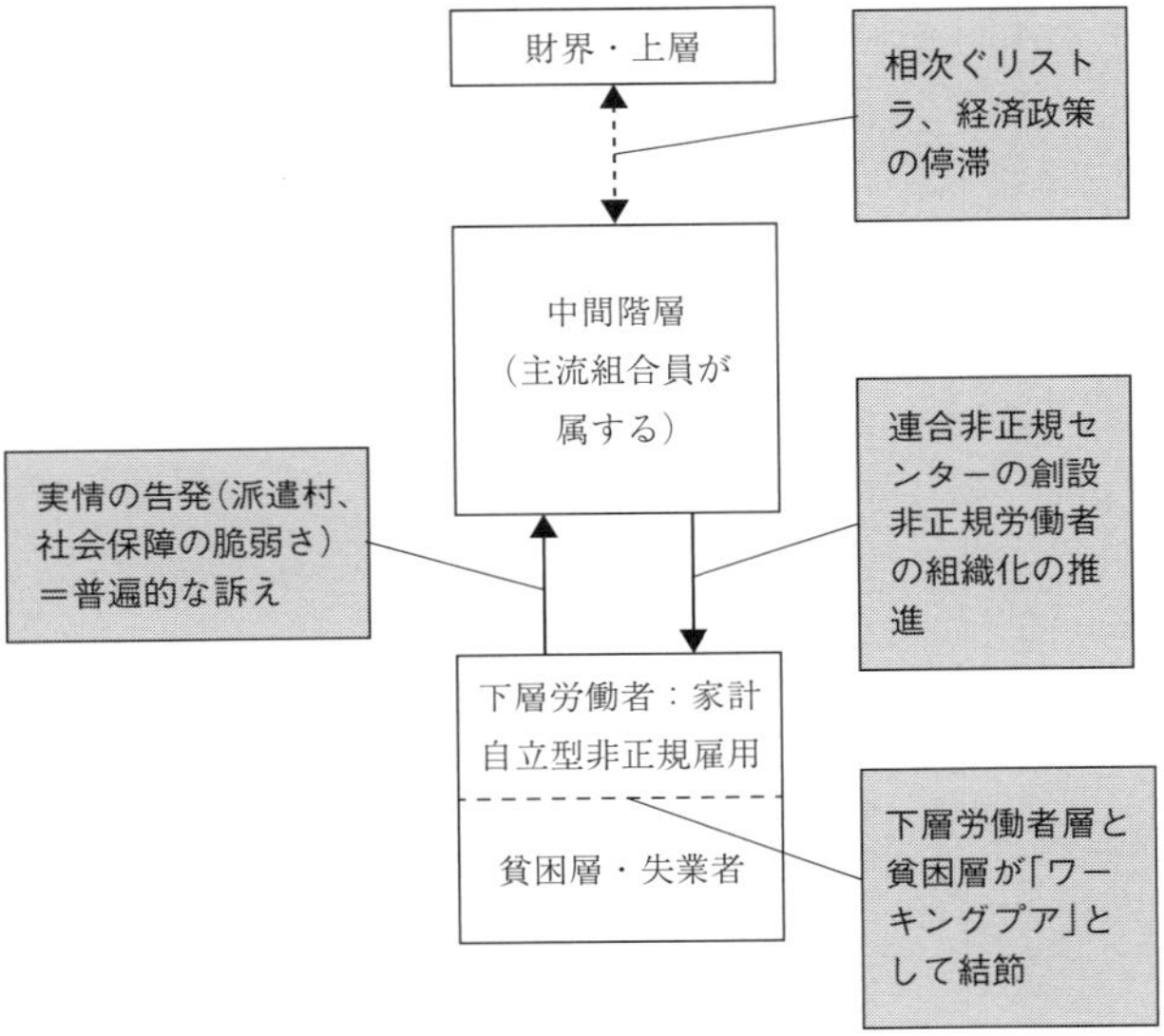

図１　「反貧困」時の階層・ヘゲモニー構成

すでに、非正規雇用が労働人口全体の三割を超え、正社員の世界にも後述するブラック企業が蔓延している。終身雇用・年功賃金が保障される、年功的な労使関係の枠内にいる労働者は社会のマジョリティーではなくなっていった。これでは、労働運動への期待が社会から消え失せるのも無理はない。

このように、非正規雇用と失業者・貧困者が増大する中で、派遣村の運動は、「非年功的労働者」としての自らの階層性を明らかにすることで、もはや年功賃金に依存することができない多くの人々の存在を社会に示し、同じ境遇に置かれている人々の共感を得ることに成功した。つまり、これまで日本の労働運動が「代表」してこなかった人々の利害関係を代表する運動だったのである。

また、「派遣村」の運動は、福祉政治においても、貧困者と労働者が連帯する道を開くと同時に、年功賃金の枠内にいる中間層からの理解をも獲得した。それが可能であったのは、彼らが「ワーキングプア」としての属性を有していたことと関係している。企業社会の下では、貧困者は「働かない・働けない」、「特殊な」、「救済すべき」存在として表象されてきた。しかし、働いても貧しい家計自立型非正規雇用の運動は、福祉全般の不足を問題化する社会運動へと発展した。「ワーキングプア」問題は、働けない人々はもちろんのこと、働いていても貧困となり、中間層であっても福祉のニーズが存在することを露わにするからである（本書第2章（渡辺寛人）参照）。

だからこそ、福祉制度の要求を家計自立型非正規雇用労働者と、貧困支援者が連帯して主張することで、不安定化しつつある中間層もこれに突き動かされ、政権交代を実現する世論を形成し得た（図1参照）。「ワーキングプア」問題が主軸となる福祉要求は、階層間の対立を激化させる「年功的労働者の外側」を「包摂」するという個別救済型の問題設定から、「普遍的な福祉」へと社会政策の焦点を移していった。

このように、派遣村の社会・労働運動は「非年功的」階層属性の利害を表明し、貧困者と労働者を連帯させ、さらには年功的労働者（中間階層）の同意をも取り付けることで、政治社会のヘゲモニーをも再構成した。(5) 実際に、派遣村の労働闘争によって労働者の階層的な利害が明白になると、リストラや労働改革にさらされていた中上層の労働者も、切り捨てられる下層労働者に対し一定の共感を持つようになっていった。こうして、「国民の生活が第一」を掲げ、福祉の充実を訴える民主党への支持が集ったのである。

ここで、強調してもしきれないことは、このような社会状況の大転換が、派遣労働者たちと彼らを支援する人々の「闘い」によって引き起こされたということだ。派遣村の成果は、決して知的エリートや政治家、官僚たちによって「上から」施されたものではない。

「派遣村」の限界と「過渡期」としての性質

以上の「派遣村」の運動にも、限界と課題があった。「派遣村」運動の限界と、その後の運動に現れた課題を整理しよう。

第一に、闘争の枠組みが非正規雇用労働者や、「製造業」という大くくりの産業の問題にとどまったことである。もちろん、非正規雇用の労働運動には、製造業にとどまらないさまざまな労働者たちが関与していた。しかし、「非正規雇用」という雇用形態の枠組みでは、労働者の職業や問題となっている産業の特性が見えてこない。また、中心的に問題となった製造業は現在も年功的正社員の多い産業であるため、雇用形態をこえた「産業」としての労働問題としてまとまりにくいという限界があった。製造業という産業単位で見ると、正規―非正規という利害対立はあまりにも明白だからである。端的に言えば、「労働者の連帯」の形にいびつさと狭隘さがあった。

第二に、社会運動としての継続性を保てなかった。組織された労働者たちはリーマンショック後にほとんど全員が解雇されてしまい、彼らの闘争は法廷へと移行したのである。また、派遣法改正運動が主要課題となったことで、「政治運動」に労働運動のエネルギーが吸収されていった。もちろん、法廷闘争も政治運動も派遣法を改正させ、非正規雇用の待遇改善を勝ち取るために必要不可欠ではある。

しかしながら、現場の闘争を喪失した法的・政治闘争は、必然的に当事者を運動から遠ざけてしまう。結局、継続的な労働運動家の輩出も実現しなかった。非正規雇用労働者たち、とりわけ派遣・請負労働者はあまりにも立場が脆弱であり、彼らだけの労働運動を形成するには、あまりにも資源が欠けていたのである。

第三に、第二と関連して、運動が政治的・法律的色彩を強め、労働者の当事者性や、権利闘争の表現を喪失してしまった。このような傾向はその後の労働運動全体に影を落としている。今日でも「働き方改革批判」のような制度論争ばかりが目立ち、「労働運動」の中軸に労働者たち自身の闘争が据えられてはいない。過労死家族の会を除くならば、「当事者の見えない制度批判」に終始しており、これが空振りにおわってしまっているのが実情だ（ただし、繰り返しになるが、制度批判や法廷闘争が不要だと言いたいのではない。労働者たち自身の闘争が表現されない制度闘争は、現実に大きな影響力を持たないのである）。

第四に、現役のワーキングプアの当事者たちが運動の中枢から退場する中で、貧困運動の階層的な表現も、急速に「救済」としての性質が色濃くなっていった。二〇一〇年代にバックラッシュともいえる「貧困バッシング」(6)が吹き荒れることになるが、それは、労働運動と貧困運動が再び分裂し、貧困者の表象が「働かない（働けない）特殊な人たち」へと再度、矮小化されてしまったことと密接なかかわりを持っている（図2参照）。労働運動と切り離された貧困運動は、「悲惨な当事者」を社会に訴えかけるしかない状況に陥り、盛んに「救済すべき当事者」を表現する取り組みを行った。しかし、そのような戦略は裏目に出てしまい、却ってブラック企業やワーキングプアで働く労働者

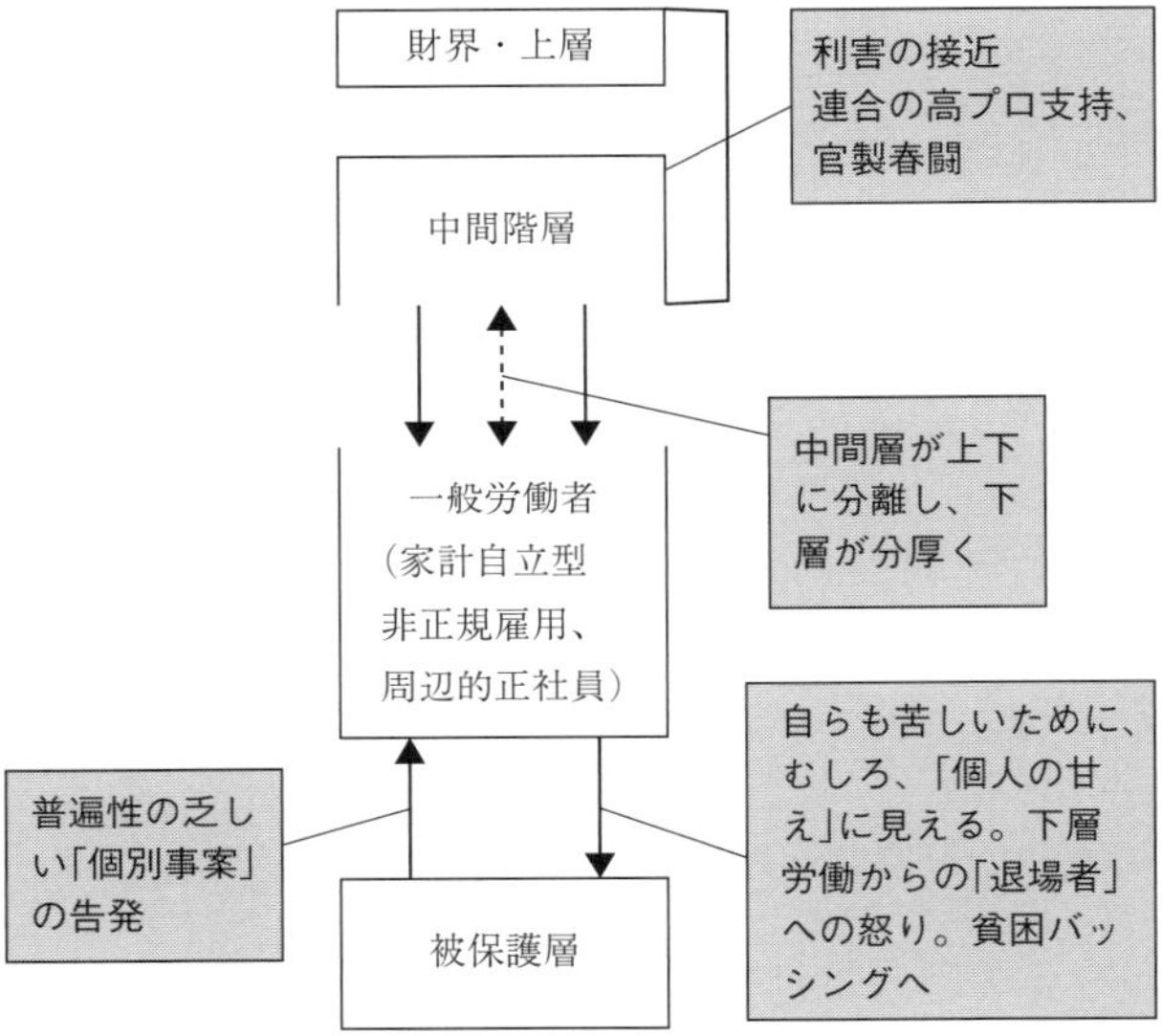

図2　現在の階層・ヘゲモニー構成

たちからの、「自分たちの方が耐えて働いているのに、働かない貧困者のための税金まで払えというのか」という対立構造を惹起してしまった[7]。

今日では、高まる「貧困バッシング」に押され、社会的な同意を得られる貧困問題は、「子供の貧困」に限定されてしまっている。しかし、子供の貧困問題は、彼らを保護する「大人の貧困問題」にほかならず、ワーキングプア問題の解決なしに、子供の貧困の解決は不可能である。

「派遣村」から「ブラック企業」問題へ

以上が、「派遣村」運動の意義と限界である。以上を踏まえ、本章は、「派遣村」運動の課題を今日、新しい労働運動が乗り越えつつあるということを示していきたい。これを考えるために、本節の最後に「派遣村」からブラック企業問題[8]へと問題の位相が発展したことを指摘しておきたい。

「ブラック企業」の社会問題化は、労働運動が派遣村問題の意義を継承し、「新しい労働運動」へと連なる流れの中にある。すなわち、「ブラック企業」の社会問題化も、労働運動による新しい実践によるものであり、決して「自然現象」ではない(今野二〇一四)。

第一に、ブラック企業の問題化は、非正規雇用というカテゴリーにとどまらない。正社員の下層(周辺的正社員)までをも包含した新しい労働運動である。すなわち、非正規雇用という矮小なカテゴリーではなく、正社員も含めた労働問題へと発展した。同時に、ブラック企業の正社員たちは、これまでのようなジョブ・ローテーションにもとづく年功的処置を受けてはいない。非正規雇用と同じように、職務が限定される「職務・時間給」である。ただ、彼らは非正社員よりも労働時間が長いために賃金が一定高く、比較的長期雇用ではある。それゆえ、過重労働が問題化する。彼ら非正規とブラック企業の正社員は、同じ仕事を、同じ条件の下、労働時間が長いか短いかによって区分されているという意味で、同じ土台の上に存在しているのだ。

第二に、今日では権力関係が大きく変容している。ますます当事者の運動が発展しているのである。私が若者の労働相談に取り組みはじめた二〇〇六年当時から、ブラック企業という言葉が社会に広がる二〇一二年までの間、ほとんどの労働相談の当事者は「自分が悪いのですが」とか、「違法なのはわかっていますが、とにかく円満に辞めたい」というところから始まるのが常だった。ところが、今日では様相はまったく異なっている。「この会社はブラック企業だと思う」「なんとか会社を変えたい」。こうした意志を持つ労働者が目立つようになっている(9)。

そして、「ブラック企業問題」の告発によってエンパワーされた労働者たちは、今度は彼ら自身の権利主張によって世論に訴えかけている。ブラック企業の問題化は、それ自体が、「新しい労働運動」の発展によって実現し、ますますその可能性を広げている。

　そして、このブラック企業問題の告発を経て、今日、新しい労働運動が全面的に発展しつつあるのだ。

2　新しい労働運動の特徴

(1)「事件」（社会化）としての性質──交渉の力としての、社会的共感

「新しい労働運動」の第一の特徴は、二〇〇〇年代後半の製造業派遣・請負労働労働者たちと同様に、彼らの闘争が「事件」として大きく社会に注目されるようになっていることだ。これは、「社会化」とも表現できる。

　すでに見たように、日本の労働組合が「闘争」するのは正社員の解雇に絡んだ場合である。だが、そうした個別企業の解雇の問題は、多くの人々にとって共感する対象ではなく、「他人事」になってしまいがちなのが実情である。ましてそれが、中上層の従来型正社員であれば、なおさらだ。解雇争議は「事件」として注目を集めるものの、問題が飛び石上に配置されてしまう。

　これに対し、新しい労働運動の特色は、労働事件が個別企業内の閉鎖された労使交渉によってではなく、社会的なイシューとして積極的に打ち出されることによって、「交渉」そのものが進められているということだ。企業内に基盤を持つ企業別組合ではなく、外部の一般労組によってこのよ

うな戦術が採られていることも示唆的である。

すなわち、はじめから交渉資源に乏しい企業外労組は、経営側の譲歩を引き出すために、組合活動家たちが意図的、意識的にメディアを活用し、交渉を有利に進めるという労使交渉形態を築いてきた(10)。この情報宣伝力の自覚的利用(=社会化)という点に、近年の労働運動の第一の特徴づけができる。

(2)「産業問題」としての性質――消費者問題との連続

特徴の第二は、本章第1節に示したように、近年の労働事件の多くが、「産業的問題」として表現されているということである。すでに述べたように、企業内に組織基盤を持たない労働者たちが、「事件(社会)」化によって交渉力を獲得しているのであるが、それだけではなぜ「事件」化が交渉力を高めるのかが明らかではない。そもそも、なぜ近年の労働組合がメディアを活用して事件化できるようになったのかも不明である。

これには、一方では階層構造の矛盾の深まりにより、ブラック企業や過労死の言説が台頭したことが挙げられる。他方では、これらの労使紛争が背後に持つ「産業的問題」がメディアに扱われていることに特徴を見いだすことができる。

例えば、大々的に報じられたヤマト運輸の労働事件では、個別企業の残業代不払いの「事件」であると同時に、アマゾンをはじめとした通販の増加によって、流通が圧迫されている問題がクローズアップされた。同事件は単なる労働事件ではなく、消費者問題と接合する産業問題として構成された。アリさんマークの引越社についても、消費者の不評を買ったであろうことは容易に想像できる。産業問題は「消費者」に即座に連結する。それゆえ、多くの人々を関係当事者として構成するのだ。

しかも、産業問題は「サービスの質」にも直結してくる。運輸業で言えば、運転手の長時間労働は、高速バスの事故やあるいは一般の事故も増加させていることが指摘されている。「サービスの質」に関する問題は、後述するように、介護や保育といったケア労働ではさらに顕著に顕れる。あるいは、私立学校教員の労働問題の場合には、教育という社会的問題としても顕れてくる。

こうして「産業問題」として表現された労働問題は、労働者だけではなく、消費者や社会全体の共感が、「交渉力」の源泉となる。

(3)「職業的連帯」——労働者の連帯と労働市場規制

産業問題が消費者や社会全体の共感を得る一方で、組合によって表現される「事件」は職種的・職業的な問題の表現としての特徴をも有している。ヤマト運輸やアリさんマークの引越社、ジャパンビバレッジなどは、共通してドライバーの労働問題であるという職種的特徴を有している。あるいは、ワタミ、日本海庄や、ユニクロなどは外食・小売りチェーンの店長という職種の過酷さで共通している。過酷さゆえに、これらの職種では人手不足が共通した問題となっている。低賃金と高い離職率が問題となっている介護や保育も同様だ。

このような職種問題は労働者間の連帯を実質的に形成する要因となっており、それゆえに、交渉力の源泉となっている。保育士を例に取ろう。まず、ある保育所の問題は、個別の問題でありながらも、職業としての「保育士」の問題として、保育士全体からの関心を引きつけることになる。「ある保育士の事件」それ自体が「ある企業」や「ある保育所」の問題ではなく、「保育士の労働問題」として関心を引きつけるのである。ここに、これまでとは異なる「連帯」の具体性が顕れる。

この職種的な性質が労働市場に与える影響はさらに具体的である。職種的共通性があるために個別の「事件」の告発が、同職種内の労働者の関心を引きつけ、結果的に同職種の労働市場への流入を妨げることになる。つまり、職種的な問題が表現されているために、個別事件はその共通性の中で問題化することで、業界内の労働者の当該企業への入職を抑制する。例えば、組合による「あの保育所で事件が起こっている」という情報宣伝は、ただでさえ不足している保育士労働市場において、一層当該の事業所が劣位に立たされることを意味する。その圧力が、新たな交渉力の源泉となるわけだ。

このような労働事件の職種問題としての表現は、もちろん単一の業界内企業との交渉においても有力であるが、企業外の横断的ユニオンや、各ユニオンの連携で「業界全体の改善」を訴えることで、より効果的に企業同士の労働条件向上を競わせることができる。

実際に、二〇一四年に長時間労働やマタニティーハラスメントが問題化したたかの友梨の事件では、エステ業界の職種的問題を表現することで同業者の関心を集めることになった。同社のエステティシャンを組織したエステ・ユニオンが会社と改善の労働協約を結ぶと、同業他社の労働者からの加入が相次いだ。その結果、業界二位のＴＢＣ社とはインターバル規制の導入や全社で有期雇用を撤廃する労働協約の締結を実現している(青木他二〇一七参照)。同ユニオンは「業界改善」をスローガンに掲げていた。

TBC社が協約締結の締結を受け入れた理由は、エステ業界内で人手を確保するためだったという。まさに、たかの友梨の事件が、同業種の労働市場への人材供給を抑制したからこそ、労働者が業界内で「よりましな企業」を探す行動に出たのであり、ユニオンはこれを効果的に利用し、企業同士を競わせながら交渉を進めたことになる。

これを労働者の意識の側からみれば、ユニオンによる事件の職種的表現は、労働者の職種内における連帯意識(利害の共通性の理解)の形成につながり、ユニオンはこれに依拠して労働市場へ介入した。こうしてユニオンは新しい組織化と交渉の可能性を獲得し、実際に業界内で複数の大手企業との労働協約の締結が実現したのである(その後、ここで挙げた大手二社以外との交渉・労働協約締結が進んでいる)。つまり、事件の職種問題化は労働者の連帯を形成し、ユニオンはこれを戦略的に「交渉力」に転化することができる。

また、運輸業界に関しても、ヤマト運輸がアマゾンと無理な配送契約をしたことで業務量が激増し、労働者への負担が高まっていることが大きくクローズアップされたが、これも、職種内の労働者たちの意識的な行動を引き起こしたと考えられる。アマゾンと契約していない同業他社の方が、労働条件がましなのではないか、という意識と行動である。結局ヤマト運輸はアマゾンとの契約条件を見直し、社内の労働条件改革を(実際にはまったく不十分なのだが)進めざるを得ない事態になっていった。

こうした労働市場における職種的連帯の可能性は、新しい運動の広がりの中で高まっている。紙幅の関係で詳述はできないが、私が共同代表を務めるブラック企業対策プロジェクトでは、弁護士や労働組合らと政府への要望を続け、職業安定法の改正を求めてきた。その結果昨年から適用された改正法によって、求人情報への規制が強まり、法的な告発を通じて職業安定所での求人不受理の強制もできるようになった(二〇二〇年四月までに施行)。新しいユニオン運動の広がりが、政府の改革を促し、新しい法政策によってますます職種内連帯は労使交渉において重要資源になっているということだ。

職種的連帯の新しい基礎

ところで、なぜ、目新しくもない「職種」というカテゴリーが、かくも急激に重要性を増してきたのだろうか。ここで近年の職種的連帯の高まりの背景である、産業構造の転換が与えている影響について指摘しておきたい。

そもそも、労働組合運動は発生の当初から職種的・職業的な存在であった。同業者たちの間で賃金等の労働条件を取り決め、使用者たちに強制させることがユニオンの本源的な機能である(本書第5章(木下武男)参照)。ところが、二〇世紀にはいると、膨大な労働者を独占的に雇用する大企業が登場し、労使関係は職業的なフィールドから、企業内的なフィールドへと変容していった。大企業における長期雇用が、職種的連帯を分断する企業内の労務管理システムを作り出したのである。それまでは「職種(トレイド)」としてまとまり、労働市場で共通性を持っていた労働者たちは、職種を細分化して編成された「職務」に従事するようになった。「職務」の編成は企業ごとに異なり、その内容も評価方法も、企業によって管理される。このようになると、労働者たちは感性的にも実態的にも、労働市場での共通性を失ってしまったのである。

これがもっとも極端に進んだのが、企業別労組によって労使関係が組織された日本の大企業である。日本の大企業においては、職種はおろか職務すら明確ではない。労働者たちは、「○○」という職種（あるいは職務）についている労働者としての自覚よりも、「○○社」に勤める労働者としてのアイデンティティーを持つようになった。こうして日本社会では、「就社社会」といわれるほどに、企業属性のアイデンティティーが労働者の中心を占めるようになった。

例えば、営業のスペシャリストが突然、社内対策の総務に転属させられる。あるいは、総合職で就職した労働者が、配置転換で若手社員寮の「寮長」に転属を命じられても、従うしかないということが起こる。まさに、どの「職務」に従事することも、人事の命令次第なのである。このような労働契約は「空白の石版」とも評されている（濱口二〇〇九）。

ところが近年は、客観的にこの構図が逆転し、大企業の分社化とサービス産業化が進む中で「再トレイド化」とでも呼ぶべき現象が起きている[11]。それまであらゆる産業を抱え込んでいた巨大グループ企業は部門ごとに分解していき、例えば、ＩＴ産業などはほとんどの企業が独立した別会社となった。また、限定正社員の拡大により、当初の契約によって地域や職務が限られた労働者も現れている。こうして、日本の労働者も企業内の「職務」のローテンションを担うのではなく、より「職種」やこれに明確に関連した「職務」が意識される状況となったのである。

　また、とりわけサービス産業化の進行によって、介護、保育などの完結した業務を担う職種が労働市場の重要な位置を占めるものとなってきた点も重要だ。特に、ここ五年で見ても、労働需要の伸びは、圧倒的に「医療・福祉」に依存している。産業別の労働者数の増減を見れば、この傾向は一目瞭然である。「労働力調査」によれば、前年比では小売業やサービス業（他に分類されないもの）の増加が見られるが、傾向的に見るならば、医療・福祉が需要増のかなりを担っていることがわかる（表参照）。これらの業種では企業内の「職務」の細分化に限界があり、労働者たちの職務はそれ自体、職業的な属性を持っている。端的に言って、「介護労働者」や「保育労働者」は、会社員であったとしても、小規模事業所で働き、その職業の階梯にしたがってキャリアを積むことになるのであり、企業内の同質性よりも、「介護労働者」や「保育労働者」としての属性に強くアイデンティファイしている。保育士・介護士は職種内労働移動も頻繁である。

　さらに、労働過程のマニュアル化と人員の絞り込みによって、小売りや外食でもすべての職務を担う「店長」という共通する職種が現れたことも指摘できる。流通会社の一つの「職務」に就くのではなく、小売り部門の「店長」として採用される、あるいは、巨大な飲食業界の企業の「職務」ではなく、こちらもあくまでも店舗の店長として採用されるというケースだ。流通や飲食業の労働過程が高度にマニュアル化される中で、彼らは交換可能なマネージメント業務の担い手として、共通の属性を有する存在となっている(12)。マニュアル管理業務としての「店長」が深夜労働を含む長時間・低賃金労働の共通性を有することは、昨今のコンビニオーナーや居酒屋店長の過労問題を見れば、一目瞭然であろう。

雇用者の推移

（万人）

不動産業，物品賃貸業	学術研究，専門･技術サービス業	宿泊業，飲食サービス業	生活関連サービス業，娯楽業	教育，学習支援業	医療，福祉	複合サービス事業	サービス業（他に分類されないもの）	公務
111	200	372	237	284	600	56	486	225
110	195	379	241	288	623	52	465	225
110	199	386	240	290	656	45	457	223
〈113〉	〈208〉	〈382〉	〈242〉	〈294〉	〈678〉	〈44〉	〈457〉	〈222〉
112	205	376	239	295	708	47	462	224
111	207	385	242	300	738	55	402	229
113	212	386	238	301	760	57	399	235
121	215	384	230	304	788	59	409	231
124	221	391	234	308	811	62	415	231
125	230	391	234	315	814	57	429	229
130	239	416	236	321	831	57	445	232
−2	2	−7	4	4	19	−15	7	−3
−1	−5	7	4	4	23	−4	−21	0
0	4	7	−1	2	33	−7	−8	−2
〈3〉	〈9〉	〈−4〉	〈2〉	〈4〉	〈22〉	〈−1〉	〈0〉	〈−1〉
〈−1〉	〈−3〉	〈−6〉	〈−3〉	〈1〉	〈30〉	〈3〉	〈5〉	〈2〉
−2	−1	7	1	3	25	8	5	4
2	5	1	−4	1	22	2	−3	6
8	3	−2	−8	3	28	2	10	−4
3	6	7	4	4	23	3	6	0
1	9	0	0	7	3	−5	14	−2
5	9	25	2	6	17	0	16	3

表　主な産業別就業者・

			農業,林業	非農林業	建設業	製造業	情報通信業	運輸業,郵便業	卸売業,小売業	金融業,保険業
就業者	実数	2008年	247	6163	541	1151	190	343	1070	164
		2009	244	6071	522	1082	194	350	1059	165
		2010	237	6062	504	1060	197	352	1062	163
		2011	〈231〉	〈6062〉	〈502〉	〈1049〉	〈191〉	〈352〉	〈1058〉	〈162〉
		2012	225	6055	503	1033	188	340	1044	164
		2013	218	6109	500	1041	192	341	1060	165
		2014	210	6162	507	1043	204	337	1062	155
		2015	209	6193	502	1039	209	336	1058	154
		2016	203	6262	495	1045	208	339	1063	163
		2017	201	6330	498	1052	213	340	1075	168
		2018	210	6454	503	1060	220	341	1072	163
	対前年増減	2008年	−5	−13	−13	−19	−2	12	−9	9
		2009	−3	−92	−19	−69	4	7	−11	1
		2010	−7	−9	−18	−22	3	2	3	−2
		2011	〈−6〉	〈0〉	〈−2〉	〈−11〉	〈−6〉	〈0〉	〈−4〉	〈−1〉
		2012	〈−6〉	〈−7〉	〈1〉	〈−16〉	〈−3〉	〈−12〉	〈−14〉	〈2〉
		2013	−7	55	−5	−14	−1	−4	7	−2
		2014	−8	53	7	2	12	−4	2	−10
		2015	−1	31	−5	−4	5	−1	−4	−1
		2016	−6	69	−7	6	−1	3	5	9
		2017	−2	68	3	7	5	1	12	5
		2018	9	124	5	8	7	1	−3	−5

注：〈　〉内の実数は補完推計値または補完推計値を用いて計算した参考値である.
出所：労働力調査(基本集計).

このように、客観的に「再トレイド化」の状況にあるからこそ、新しい労働運動において、職種問題がより明確に意識されるようになった。また、労働者はその同質性を意識している。欧米においては数百年の歴史の上に守り抜かれた職種（これを引き継いだ「ジョブ」）(13)の連帯が、日本では新しい条件のもとに再生している。

特にここで強調すべきことは、新しい職種的な連帯の原理は、「再トレイド化」を背景とする職業的な共感と連帯意識として、すでに労働者たちが感性的に獲得しているということだ。本章では紙幅の都合で詳細を述べられないが、保育士や介護士らにおいては、多くの事業所で共通する労働問題に直面してきた者が少なくない。労使交渉に立ち上がる労働者たちの背後には、彼らの眼前で繰り返されてきた問題を労使交渉で解決するしかないという決意がある。だからこそ、今日の新しい労働運動が、「事件」を通じて労働者たちに広く共感され、その感性を規制力として労使交渉を行うという現実が、すでに出現している。職種は新しい労働者の対抗の拠点であり、ユニオンはこのような連帯意識を効果的に労使関係における「交渉力」に結びつけることができる。

本節の最後に、産業問題と職業問題の関係について述べておこう。上述したように、産業問題を通じた事件化は、労働組合の新しい交渉力の源泉となっている。だが、労働組合にとってより重要な交渉力の源泉は、労働組合本来の機能と直接に結びつく、この職業的連帯にある。ユニオン本来の交渉力が不在であるために、これを補完したものが、世論の後押したる、「産業問題」であると考えられるだろう。職業的連帯の獲得とこれに基づく交渉、そしてその事件化によってさらなる共感と連帯の形成を促すことは、より本質的な意味での労働運動の再生へと続く道である。

（4）階層的な一体性——「一般労働者階層」の形成

職種的な連帯の実在性は、職種を超えた新しい連帯の実在性とも不可分に結びついている。かつて木下（二〇〇七）は、新しい労働運動の担い手たちは、「家計自立型非正規雇用」および「周辺的正社員」からなる階層であると分析した。今日、特に周辺的正社員が厚みを増す中で、両者を横断する「一般労働者階層」が形成されており、労働者は職種・雇用形態をも超えて流動している。彼らはほとんど上層の労働市場に参入する可能性が閉ざされている。それにもかかわらず「よりよい仕事」を目指して転職を繰り返すことで、同じ職種には同じような労働条件が適用されており（しかも、それは「求人詐欺」によって入社するまでわからない。希望をもって転職し、だまされ続けるのである[14]）、職種を超えて転職したとしても、やはり同じような労働条件しか存在しないということを経験的に学習している。

彼らは今日の「多数」を占める労働者層であると同時に、個別企業の年功的処遇に服していない点において「一般的」である。すでに述べたように、一般労働者の労務管理上の特性は「職務・時間給」にあるが、それは職域を超えた企業内昇進や従来型の年功処遇の対象ではないことを意味している。そのため、彼らは長期にわたって個別の企業に服属せず、下層労働市場（非年功的労働市場）を渡り歩く労働者層である。しかも、そこではしばしば職域を超え、転職を繰り返す。それゆえ、彼らは企業を超え、職種をも超えるという意味においても一般性を有する労働者層である。

そして、その職業・転職経験から「労使交渉以外に地位の向上を目指す方法はない」ことを悟る労働者が現れている。実際に、今日の労働組合で産業的・職種的に闘う労働者の職歴を挙げてみよう。

ここで紹介する労働者は、サントリーグループ傘下のジャパンビバレッジの労働者として、自動販売機の充填作業に従事している。彼らの年齢給は三五歳までしか上がらない。休憩がとれず、残業代も不払いだったうえ、労働基準監督署の勧告後は残業代の請求をしない旨の同意書へのサインを迫られた。総合サポートユニオンに加入した彼らは、もっとも回転率の高い東京駅の自販機で、「順法闘争(休憩をとる、定時で帰宅する)」という形式のストライキを決行した。東京駅の自販機は売り切れの赤いランプばかりとなり、その光景の画像がインターネット上のSNSを介して拡散し、大きな反響を生んだ。彼らの闘いは、まさに流通における「産業問題」としてのものであり、消費者の関心を呼んだために、ネットで多大な注目を集めたのだ。立ち上がった労働者たちの職歴を見てみよう。

【労働者A】三二歳、男性。大卒、妻子と三人世帯(専業主婦)。初職:リーマンショックによって内々定取り消しから情報通信事業のクレーム処理の企業へ就職した。当時の給与は入社三年目で、一五万円+「固定残業」九万円である。「長時間労働とこの給料では家庭を持てないこと」から離職し、現職へと転職した。「家庭を持っていくためには、ちゃんとした給料が出るところにしなければ」と思ったことが前職を辞めた理由である。そして、「企業の規模を重視して」ジャパンビバレッジへと転職した。

【労働者B】高校卒業後、飲食店で調理師として働いた。寮住まいで自由がなく、仕事も忙しく、「遊ぶため」に退職。月給は一六万円程度だった。その後は製造業派遣大手の日研総業から自動車工場に派遣され、のちに直接雇用され、同工場の期間工として勤めた。ところが、これもリーマンショックで解雇されてしまう。その後は、太陽光パネルの営業、友人の廃品回収の手伝いなどを経て、ジャパンビバレッジへとたどり着いた。

どちらの労働者も下層労働市場を渡り歩いてきたこと、同じような階層の仕事を転々としながら、リーマンショックに翻弄された姿が浮かび上がる。Bは自動車工場で「派遣切り」が横行した時代を経験しているが、工場では当時、外部の労働組合が争議を行い、派遣の期間工化(直接雇用化)や時給の賃上げを勝ち取っていた。そうした経験もあって、ついに、自分自身が立ち上がるに至った。一方で、ジャパンビバレッジの争議の後、同業他社の中堅企業でも労組が立ち上がり、類似の労働問題について争っている。彼らの職歴は下記のとおりだ。

【労働者C】四六歳、高卒、単身。初職は製造大企業の事務であったが、「面白くなかった」ので辞めた。第二の職はSEであり、月給四〇万円、残業時間は五〇時間であった。「経営者との対立」から離職した。第三の職もSEであった。月給三〇万円、残業時間は五〇時間であったが、「仕事・家庭に疲れて」退職した。その後現職。

【労働者D】三〇歳、高卒、妻子と三人世帯。初職は小規模の和食店の調理師であった。月給一八万円、月残業時間一七〇時間に加え、残業代不払いであった。「会社は使うだけ使って辞めさせると、先輩の労災を機に考えて」退職した。第二の職は、ホテルのレストランの調理師であった。こちらでも月給二二万円、月残業一五〇時間で残業代不払いがあった。第三の職は老人ホームの調理師であった。月給二五万円、残業時間六〇時間で残業代は支給された。しかし「先が見えないという思いがあり、調理部の外注化を機に、料理関係を辞めることにした」。第四の職はパチンコ店員(アルバイト)であり、月給二五万円程度だった。この仕事は「つなぎ」として働いた。その後現職。

彼らの経験には、職種を超えた、階層的類似性が現れている。自らの体験が、労使交渉をするしかないのだという意識を喚起すると同時に、自分たちに共通の利害があることをも感受させる。それゆえ彼らの労使紛争は、それ自体が階層的な利害関係を浮き彫りにする。

その表現は、労働者たちの連帯を強めると同時に、自らの社会・政治的利害を表現することで、「派遣村」で顕現したような、日本社会のヘゲモニー転換の起点となり得るだろう。彼らの社会・政治的利害とは、下層労働市場の労働者たちが、普遍的な福祉制度なくしては生存することができない状況に閉塞されているという事実である。

すでに述べたように、こうした階層政治の潜在力は、かつての「派遣村」の社会運動において現れていた。家計自立型非正規雇用に加え、周辺的正社員をも含みこんだ「下層労働市場」全体のワーキングプアとしての階層性が労働市場において表現されるならば、「派遣村」の課題と限界を超えたさらに持続的な運動が可能となる。つまり、一般労働者の階層性を表現することは、新しい「福祉政治」をも可能にするはずだ。彼らは非年功的なワーキングプア労働者層であるために、普遍的な福祉政策の利害を代表する存在なのである(15)。

3　今、どのような労働運動が必要か？

広がり続ける「新しい労働運動」

本章を執筆中にも新たな労働運動が次々に新しい成果を挙げつつある。コンビニオーナーたちが団体交渉権を求める闘いに立ち上がり、私立学校でも非正規教員たちが四年一一カ月での雇止めに闘うために相次いでストライキに乗り出している。

これらの闘争も、すでに本章で述べてきた新しい労働運動としての特徴を備えている。例えば、横浜・橘学苑では、六年間で教員七二人が退職させられたことについて、ユニオンが「非正規使い捨て」であると非難している他、いくつもの高校で争議・ストライキが勃発している。非正規教員の使い捨ては、教育の質に直結することはいうまでもない。これらの争議には、生徒や保護者も署名活動や申し入れにおいて関与し、行政も対応に乗り出している。つまり、「産業的」問題として打ち出されることで世論の支持を受け、これを交渉力としているのである。同時に、教師たちの闘争は、正規教員も含め、個別の争議が報道されるたびに新たな職場の闘争がつみかさなってきた。

職種的な連帯が力を発揮していることは間違いない。

コンビニオーナーたちの問題も同様である。この問題の背後にあるのは、過剰出店による収益率の低下をさらなる多店舗経営によって打破する構図である。一店舗当たりの利益の縮小は顧みず、とにかく販路を拡大することで本部だけが利益を上げている。

これに対し、コンビニオーナーたちの闘いは、労働力不足を労働組合の「職業的」、「産業的」な闘いに結びつけた。コンビニ加盟店ユニオンが刊行した『コンビニオーナーになってはいけない』という著作の表題に、そうした戦略が表現されている。労働組合は「コンビニオーナー＝店長」という職業的属性を明確にした闘争を行っている。すでに述べたように、店舗運営の「店長」業務は一つの職種として表現されており、それが産業問題として顕在化し、社会から多くの共感を得ている。何よりも、今回の闘争を特徴付けるものは、消費者への関心の広がりである。コンビニ業界は「社会インフラ」としての自己規定を強めており、外国人労働力の充当などさまざまな場面で国家による援助を求めていた。そのような「産業」としての市民生活への浸透と自己規定が、それ故に、労働問題を社会的イシューに押し上げるという効果を増幅したのだ。

ただし、やや、オーナーと雇われ店長との連帯が不十分ではあったように思われる。労組の主体が「オーナー」であることがその理由であろう。この運動の今後の課題は、個人オーナーと、多店舗経営企業や本部における「雇われ店長」たちとの連帯をどのように構築、表現していくのかという点にもとめられよう。

「法律」闘争から、ユニオニズムへ

コンビニオーナーの労使紛争において、もう一つ、特に重視したい点は、「法律」の意味を問いなおす闘いを展開しているということである。むろん、コンビニオーナーが法律上の「労働者」であるかどうかは労使関係上の重要な争点であり、また、本部側が労働者性を否定するために個人事業主化していることはいうまでもない。

ここで重要であるのは、コンビニオーナーたちによる団体交渉の要求は、法律の枠組みを超えた「ユニオニズム」の闘争であり、それ自体が法律の範囲を広げるような闘争であるということだ。最近、よく誤解されがちであるのは「労働組合法があるから労働運動ができる」という発想の広がりである。

あまりにも無法な状況が広がり、これに対抗するために用いられる「違法行為をしている」という企業批判のロジックが、労働運動の活動家の間でも「手段」から「本質」に転倒しているように思う。しかし、本当は、逆なのである。法律に定められる以前から、労働運動は労働組合を作り、団体交渉を要求し、集団行動によって労働市場を規制してきた。なぜそれができたのだろうか？

理論的には、労働者が「労働力」という交渉材料を保持しており、労働者が団結することで、これを意識的・効果的に活用することによって経営者との交渉を有利に進めることができたからである。労働者たちは法律に守られて交渉してきたのではない。むしろ、団結したユニオニズムによる行動が、産業平和を実現するための「労働法」を国家に強制したのである。むしろ、労使紛争はこの労働法によって、一定の範囲に枠づけられてきたとも言える。したがって、コンビニオーナーた

ちは、外形上・戦略的には労働法上の権利を求めて闘争しているが、その背後には、その権利を認めさせるだけの「交渉力」の源泉がある。私たちは、「何に依拠して労使交渉をするのか」というこの本質を見誤ってはならないだろう。労働法上の権利は、労働者が持つ交渉力の一側面（あるいは帰結）に過ぎないのである。

もちろん、今日では多くの労働者が持つ技能は陳腐化しており、単純な労働力のコントロールだけでは強力な交渉力の獲得は難しい。コンビニのオーナーや店長たちは、常に彼らの労働を代替し得る労働者の圧力にさらされている。しかし同時に、本章で述べてきたように、今日では新しい団結の要素、そして交渉力の源泉が発生している。したがって、労働運動を進めていくためには、この交渉力の源泉を理解し、効果的に活用していく能力が求められるのである。

求められる「言説的アクティヴィスト」

では、これからの労働運動家にはどのような能力が求められるだろうか。まず、労働事件を個別の隠れた企業内の問題に収めずに（もちろん、会社が適切に労働条件の改善に応じるのであれば、あえて事件化する必要はないのだが、ブラック企業ではそうならないだろう）、社会に表現するための能力を持たなければならない。言い換えれば、「言説的アクティヴィスト」としての能力を持つことが、これからの労働運動のリーダーにとって非常に重要になる。それは、書籍や宣伝文の執筆に限らず、近年発達を遂げているＳＮＳ、動画などで発信する能力である。

同時に、言説的アクティヴィストには、労働問題の産業的、職業的連帯の潜在性を交渉力に変えていく知見が求められる。もちろん、それは活動家個人の資質にのみ求められるべきではなく、学者、法律家、福祉関係者など、多様な分野の専門家の間のネットワークの構築によっても担保される。したがって、そのような労働者の交渉資源を最大化するためのネットワーク構築の能力そのものが、労働運動家に必要な資質となる。

もちろん、ここで述べていることの多くはすでに産別やコミュニティ・ユニオン運動における労働運動の先人たちが、私たちに示してきたものでもある。とはいえ今日、これまでの労働運動の経験値を新しい状況の中で洗練させ、「言説的アクティヴィスト」としての像を明確な目標として示すことは、決して無駄ではないだろう。

おわりに　労働運動が社会を守る

本章で述べてきた労働組合の交渉力、そして新しい福祉政治を実現する労働運動の潜在力は、紛争を通じて初めて実現する。言い換えれば、労働者たち自身の権利主張の闘いが、どのように社会に影響を及ぼしえるのかを検討してきたのが本章である。本章ではこれを、産業、職種といった要素から説明してきた。この新しい労働運動の発展なしには、「社会を守る」ことはできないだろう。

今日、労働者の権利がないがしろにされる中で、少子化が進み、サービスは劣化し、社会の荒廃は明らかに進んでいる。今日の労働運動が闘い守っているのは、社会そのものである。この闘いは、個別の労働問題や利害を通じて表現されるが、そこに社会防衛の「普遍性」が内在しているのである。その普遍的な課題は、決して抽象的な政策論を起点として社会に定着することはない。個別の問題の闘いを通して普遍的な問題を問うことで、はじめて社会を守ることができる。

派遣村にせよブラック企業にせよ過労死にせよ、個別の当事者の闘いやこれを支援する労働運動があって、はじめて社会的なイシューとなった。今日ではそれらの闘いの普遍性は明らかである。労働運動は権利を闘いとることで、社会を守っていくのである。

（１）　近年、世界的に「社会運動ユニオニズム」が興隆している。これは、後述する先進国における二〇世紀型のビジネスユニオニズムへ対抗する中で生み出されたものであるが、本来のユニオニズムはそれ自体社会運動的であるため、ユニオニズムの再構築や発展こそが「社会運動ユニオニズム」の内実であると考えられる。

（２）　当時、製造業派遣・請負労働者はおよそ二〇〇万人いたものと推定されており、リーマンショック期にはその大半が解雇された。二〇〇〇年代の派遣労働者たちの実情については木下（二〇一二）、今野（二〇一七ａ）を参照してほしい。

（３）　派遣労働者の運動が「法律」の範囲をこえる社会運動であった点については、児島（二〇一二）。

（４）　本章では紙幅の関係で詳述できないが、今日の非正規雇用問題は、労働運動が女性差別問題を放置し続けてきた帰結であることは注記されるべきである。

（５）　「ヘゲモニー」とは、「覇権」などと訳されるが、本来的には社会勢力の結合を表わす概念である。特に、社会階層同士の政治的な結びつき（敵対性によって形成されるアイデンティティー）がどのように形成されるのかに関わる。例えば、日本のように正規雇用と非正規雇用の利害が分断され、相互に敵対していれば、労働者全体の利害は社会に反映されにくくなり、結果的に経営者に有利な世論が形成されてしまう。注意すべきは、ヘゲモニーは各階層の利害関係を直截に反映して決定されるのではなく、むしろ、偶発的に決定されることだ。上に挙げた例でも、中間層が非正規雇用アプリオリに規定されているわけではない。だから、まったく別の敵対性と、これに伴う社会階層同士の結節の形があり得る。「反貧困」運動や「派遣村」は、まさにこの敵対性のあり方を変化させることに成功したからこそ、多大な影響を与えることができた。このように、社会階層の結びつきのあり方を分析することで、なぜ「派遣村」の労働運動が社会的な影響力を持ち、今日では労働運動が、局所的には影響を与えているものの、社会全体に広範な影響を及ぼしていないのかを理解することができるのであり、ひいては今、私たちが採るべき労働運動のあり方を考察することが可能になる。具体的には今野（二〇一四）、大内・今野（二〇一五）。

(6)　人気芸人の母親の生活保護受給や、生活保護受給世帯の女子高校生の生活を執拗にたたく世論が形成された。

(7)　この点については、今野（二〇一三）、井出・今野・藤田（二〇一八）を参照されたい。

(8)　ブラック企業問題については今野（二〇一二）。

(9)　ブラック企業問題の今日的な展開については、今野（二〇一九a）。

(10)　この新しい交渉力の源泉についての歴史的な独自性については、浅見・木下（二〇一五）を参照されたい。

(11)　ただし、ここでいう「再トレイド化」とは企業による職種の職務への分解を経て、新たに統合されたものであることには留意が必要だ。強い自律性と交渉力を持ったかつてのクラフト（熟練労働者）ではなく、あくまでも構想力を剝奪された労働者である。この点については、ブレイヴァマン（一九七八）を参照。また、日本型雇用においても、このような意味での職務分解が基礎となっている点が重要である。これについては三家本（二〇一八）を参照。

(12)　なお、これらの業種は従来の職人的な労働者がマニュアルに従う存在に変容したことに加え、それまで独立自営業に担われてきた飲食業・小売業が淘汰され、フランチャイズ形式を含む大規模な企業システムの内部に包摂されることで、新しい巨大な雇用労働者の職務・職種類型として拡大してきたものと考えられるだろう。

(13)　職種が解体されて職務（ジョブ）となった後も、欧州においては、その職務について企業を超えて連関させ、労働市場規制を追求してきた。木下（二〇一九）参照。

(14)　下層労働市場において偽装された求人の実態については、今野（二〇一六a）。

(15)　この点については、本書第2章（渡辺寛人）及び今野（二〇一九b）を参照されたい。

参考文献

青木耕太郎他(二〇一七)「業種別職種別ユニオン運動研究会(第1回)　エステ・ユニオンによる労使関係の展開」『労働法律旬報』第一八九九号
浅見和彦・木下武男(二〇一五)「次世代の業種別ユニオン——労働組合再生の方向性」『POSSE』第二八号
雨宮処凛(二〇〇七)『生きさせろ！』太田出版
井手英策・今野晴貴・藤田孝典(二〇一八)『未来の再建』ちくま新書
大内裕和・今野晴貴(二〇一五)「ブラックバイトから考える教育の現在」『現代思想』第四三巻第八号
木下武男(二〇〇七)『格差社会にいどむユニオン』花伝社
木下武男(二〇一二)『若者の逆襲』旬報社
木下武男(二〇一九)『労働組合の歴史と理論』近刊予定
児島真爾(二〇一二)「コミュニティ・ユニオンによる「派遣切り」に対する取り組み」『大原社会問題研究所雑誌』第六四二号
今野晴貴(二〇一二)『ブラック企業』文春新書
今野晴貴(二〇一三)『生活保護』ちくま新書
今野晴貴(二〇一四)「ブラック企業はなぜ社会問題化したか——社会運動と言説」『世界』第八五七号
今野晴貴(二〇一五)「「新しい雇用類型」の性質と労使交渉の課題——「ブラック企業」現象に着目して」『労務理論学会誌』第二四号
今野晴貴(二〇一六a)『求人詐欺』幻冬舎
今野晴貴(二〇一六b)『ブラックバイト』岩波新書
今野晴貴(二〇一七a)「製造業派遣・請負労働の雇用類型——全国的移動及び移動の制度的媒介に着目して」『日本労働社会学会年報』第二八号
今野晴貴(二〇一七b)「「働き方改革」はなぜ若者に支持されるのか？——労務管理の実態から考える」『世界』第

九〇一号
今野晴貴（二〇一七c）「エステティックＴＢＣが有期雇用労働者の「無期転換労働協約」を締結――無期化を促した労働配置の特性とは何か」『労働法律旬報』第一九〇〇号
今野晴貴（二〇一九a）「ブラック化」『現代思想』第四七巻第六号
今野晴貴（二〇一九b）「労働問題の現状からの経済問題の考察――「一般労働者階層」の形成と福祉政治」『季刊　経済理論』第五六巻第一号
濱口桂一郎（二〇〇九）『新しい労働社会』岩波新書
ブレイヴァマン、ハリー（一九七八）『労働と独占資本』岩波書店
三家本里実（二〇一八）「「課業」概念の再考とその適用の現段階――ブレイヴァマンによるテイラーの科学的管理分析を通して」『季刊　経済理論』第五五巻第三号

5

年功賃金から職種別賃金・最賃制システムへの転換

――新しい賃金運動をめざして――

木下武男

1 貧困・低賃金と日本的雇用慣行の終焉

貧困と過酷な労働、雇用不安が日本社会をおおっている。長いあいだ悲惨な状況のもとにおかれている若者や女性はとくに深刻だ。彼・彼女らは将来の生活の不安をかかえながら、日々の生活と労働におわれている。これから先、ずっと未来が開けない生活が続いていくのだろうか。賃金論と賃金運動論は貧困から抜け出るための道筋を示さなければならない。

労働市場の構造変化と日本的雇用慣行の終焉

働く者が貧困におちいるのは、生活保護や年金の制度に問題があるからではない。これらの制度に欠陥はあるとしても、フルタイム働いてもなお貧困の状態であるのは賃金に原因があるとみなければならない。これまでも低賃金で働く者はいた。新規採用の若者は低い初任給だったし、学生アルバイトや主婦のパートの賃金も低かった。しかし若者の初任給も毎年だんだんと上がっていき、生活は豊かになった。学生や主婦の非正規の低賃金も、男性世帯主賃金のもとではそれじしん貧困の原因とはならなかった。働き続けても貧困の状態におちいるのは、これまでの労働社会にみられない新しい現象とみなければならない。

それでは何故、このような状況が起きているのだろうか。それは戦後日本の労働市場が構造的に転換し、経営者がそれに対応しようと日本的雇用慣行を破棄したからだ。労働市場の転換は一九九〇年代末から二〇〇〇年代初頭にかけて明確になった。戦後一貫して伸び続けた雇用者数は、一九九八年にとまり、以後停滞している。さらに同年、正社員の数は下落に転じ、それ以後、減少し続けている。それに対応する形で、非正規雇用が急拡大している。つまり労働力不足を基調にしていたこれまでの労働市場が完全に転換してしまったのだ。これは戦後の労働社会の歴史を画する大変化だとみなければならない。

この環境変化に順応するかのように経営者は日本的雇用慣行を放棄した。日本的雇用慣行とは、終身雇用制と年功賃金で表現される雇用と賃金の慣行である。この雇用慣行のもとで、男性の新規学卒者は正社員として採用され、その後は昇進制の出世の階段をのぼり、やがて定年にいたる。従業員はこの長期の雇用が期待できる慣行だった。また賃金慣行のもとで新規学卒者は、就職すると初任給の単身者賃金から、毎年賃金が上がり、やがて世帯主賃金への上昇が期待できた。経営者もそれに応えようとする。そのことが暗黙に了解されていた。

ところで注意すべきなのは、この処遇は慣行にもとづくものでしかないことだ。法律でも労働協約でもない。経営者と労働者との間で双務的な関係はなく、一方の経営者の意思によっている。だから経営者の意思がなくなったので、日本的雇用慣行は静かにシステム・ダウンしたのである。このところが重要で、二〇〇〇年が戦後労働社会の大画期であるにもかかわらず、あまり認識されていないのは、労働市場の変化とそれに対応した慣行の終息だからだ。労働法制の大改悪も労使の激突もない。静かではあるが、働く者の労働と生活は劇的に悪化した。

この日本的雇用慣行が終焉した後、労働社会に現れた現象は何なのだろうか。それは雇用の面では規制なき流動的な労働市場であり、賃金の面では年功的な要素のない属人給である。この年功的性格の欠けた属人給こそが、つぎにみるように働く者の貧困と低賃金に深く関わっている。

年功賃金の生活困窮メカニズムへの転化

まず年功賃金がもっている三つの特性を確認しておこう。①賃金の決定基準はジョブではなく属人的要素にもとづいている。ジョブとは、世界標準の労働者の処遇の基準であり、職種や職務など現に労働者が就いている仕事のことを意味する。属人的要素と違って、企業を超えて処遇の基準を設定することができる。②賃金の上がり方は年齢や勤続の要素が重視されるので、年齢別の上昇カーブを描く。ジョブ型であると、一定の熟練の水準に到達するとその後は上がらず、フラットになる。③賃金水準は上がり方に対応して、単身者賃金(初任給)から世帯主賃金へ上昇する。単身者賃金にとどまることはできないので、年功賃金は毎年の賃金上昇が宿命づけられている賃金でもある。

さてこの三つの特性から、今日の働く者の貧困を説明することができる。そもそも働いてもなお貧困という状態が生じているのは、一つは春闘の終焉と賃金下落、二つは非正規雇用の拡大、三つは最低賃金額の社会的な低賃金相場化、この三つと考えられる。順をおって検討していくことにしよう。

まず、賃金が下落し、春闘が機能不全に陥ったことが貧困化の原因の一つ目である。これには特性①が関わっている。それぞれの企業は年齢・勤続の要素や能力評価を加えて、その企業だけに通用する独自の賃金の基準をつくる。だから年功賃金はそれぞれの企業にしか適用されない企業内賃金の性格をもっている。しかし企業内しか通用しないのに、一九九〇年代末までは各社はこぞって賃金を上げていた。

それは高度成長の時期のあいだ、労働市場は労働力不足を基調としていたからだ。年功賃金のもとでも一つだけ企業横断的な基準があった。それが学卒者を採用するさいの初任給である。労働力が不足していることは、新規学卒採用で同業他社に見劣りしないように、初任給を上げなければならないことを意味する。初任給の水準を上げれば、社員の賃金も上げなければならない。企業業績も上がっていたし、単身者賃金から出発する年功賃金のもとでは従業員の企業への定着を考えれば、上げないわけにはいかない。春闘もまた経済成長と労働力不足を条件にして成り立っていた。

これがすでにみたように、一九九八年以降転換した。なんとか就職しようとする新規学卒者の初任給を上げる必要はない。現に大卒初任給の伸びは一九九〇年代後半から抑えられるようになった。初任給の上昇が抑えられたので、従業員の定着を考慮して引き上げることはあっても、年功的に毎年上げる必要はなくなった。

こうして賃金下落が、雇用悪化と符節を合わせたように九八年から始まった。月間給与は、高度経済成長期をつうじて急上昇し、バブル経済の崩壊ものともせず上昇し続けたが、それがあっという間に急降下した。今日もなお下落しつづけている。年収ベースでも、国税庁の年間給与所得総額は九八年から落ちている。とくに今日のベアゼロ・定昇ストップの状況は、若者は単身者賃金のままに固定されることを意味する。年功賃金の特性②で、賃金上昇が宿命づけられているにもかかわらず、正社員でも若者の賃金上昇は抑えられている。

一方、欧米のジョブ型賃金では、企業横断的に職種別賃金の社会的相場が形成されている。とくにヨーロッパでは賃金は産業別の労働協約で決定されているので、各自が受けとる賃金は、個別企業の業績や、企業規模に左右されない。賃金が属人的な基準で決まる年功賃金の特性①は、今日の賃金下落による貧困化に深く作用しているのである。その意味で賃上げ機能をもっていた年功賃金は、今や生活困窮メカニズムに転化したとみるべきだろう。

貧困をもたらす同一労働同一賃金原則の不在と最低賃金制の欠陥

非正規雇用が二〇〇〇年代から急速に拡大している。今や働く者の三八・二％をしめている。男女で差がみられ、男性では二二・四％と五人に一人、女性においては五六・八％と多数派になっている（総務省「労働力調査」二〇一八年一～三月平均）。しかも非正規雇用でフルタイム働いて、自分の生活を支える労働者が増えている。しかしフルタイム働いても生活は苦しい。とくに非正規雇用が多い若者や女性で貧困化が進んでいる。

フルタイム働いても貧困生活を強いられるのは非正規雇用だからやむをえないと思われがちだが、これは日本の特殊な貧困問題である。それは年功賃金の特性①から生じている。賃金決定の属人基準は、同一労働同一賃金原則の実現を不可能にするからだ。

それではなぜ不可能なのか。それは同一労働同一賃金は同じ仕事ならば同じ賃金が支払われるとの原則だからだ。「同一賃金」とは正確には労働組合と経営者とが団体交渉で合意する「賃金率」のことだ。それは一時間当たりの職種別賃金であり、正社員でも、非正社員でも同じである。「同一ジョブ」＝「同一賃金」だから、ジョブ型処遇の世界でしか同一労働同一賃金は成り立たない。日本ではジョブを賃金の基準にしていないので、「同一労働」＝「同一ジョブ」も、「同一賃金」＝「同一賃金率」も、そもそもその概念がない。

正社員の賃金との同一性がないので、非正社員は低い賃金で雇うことができる。企業はコスト削減のために大々的に非正社員を活用することになる。日本では当たり前のことだが、同一労働同一賃金の世界ではそれはできない。人件費削減型ではなく、雇用調整型の活用となる。

最低賃金額の低賃金相場化

このように非正社員の賃金は、正社員賃金との同一性の基準が断ち切られているので止めどもなく下がっていく。しかし歯止めがある。それが最低賃金制だ。だがここに、年功賃金と最低賃金制との連結という大きな問題が奥底にひそんでいる。つまり制度的な関係はないが、年功賃金の特性②の賃金の上がり方と、それに対応する③賃金水準が最低賃金制に影響を与えているのである。

ここで考えてみなければならないのは、労働政策に関して国家の制度の水準は、労使自治のもとでの労使交渉の結果を後追いするという関係だ。逆に労使自治の結果は、制度の水準に先行する。ただし限定しておかなければならないが、労働政策のなかでも、労働力政策や労使関係政策ではなく、賃金・労働条件をめぐる労働基準の関する分野である。ここでは水準は国の制度よりも労働協約が先行する。

この先行・後追いの関係は最低賃金制でも明らかだ。最低賃金制は一定の賃金以下で労働者を雇用することを国家が禁止する制度である。この国の最賃額は民間の低賃金の相場を大きく抜け出ることはできない。後に述べるが、国家が一義的に賃金・労働条件を決定することはできないからだ。

そこで問題になるのは、民間の低賃金相場はどの水準にあるかだ。それこそが年功賃金の上昇の出発点である初任給の水準ということになる。初任給の少し下で、最賃額は決定される。高度成長期ではこの最賃額は、労働力不足のもと、上昇傾向にある初任給規制という役割をもった。今日では最賃額は、非正社員の低賃金の社会的相場となり、賃金上昇を抑制する役割をはたしている。人件費の削減をめざす経営者は、最賃額を下回らなければ賃金を下げてもかまわない。そう考えるだろう。さらに正社員でも低賃金で長時間働かされていると、時給に換算すると最賃額に近い、ないしは最賃割れする場合が多い。

このように二〇〇〇年からの労働市場の変化のなかで、最賃額に準拠する労働者が膨大に増えている。この「最賃準拠」型労働者にとって最低賃金制問題は切実で、焦眉の課題となっている。

ヨーロッパでは、低賃金の社会的相場は、低熟練の労働者の職種別賃金だ。この賃金水準と最賃額が関連している。低熟練の職種別賃金の水準は家族形成可能な「一人前賃金」である。それに関連している最賃額も「一人前賃金」になる。国によって違うが、その賃金額は二〇歳前後とみてよい。だから逆に技能を習熟していない「未成年労働者」は「一人前賃金」を基準にして減額比率が定められている。フランスでは一八歳未満の労働者のなかで、職歴が六カ月に満たない場合には一七歳未満で二〇%、一七歳以上一八歳未満で一〇%の減額となっている。

みてきたように最低賃金制の水準が、年功賃金の初任給か、職種別賃金の「一人前賃金」かで大きな違いがある。最低賃金制は、日本では低賃金水準をさらに初任給以下に押し下げる役割をはたしている。ヨーロッパでは賃金の低下を「一人前賃金」で歯止めをかける機能をもっている。日本の「年功賃金型」最低賃金制は貧困創出のメカニズムになっているのである。

2　貧困と低賃金に挑戦するナショナル・ミニマム論

ナショナル・ミニマム論と労働組合

貧困問題と関連して欠かせない考え方がナショナル・ミニマム論だ。ナショナル・ミニマムの言葉から連想されるのは、生存権を保障した日本の憲法二五条と、社会保障の体系を示したベヴァリッジ報告の二つだろう。しかしナショナル・ミニマムは社会保障に限らず、今日の貧困と賃金問題を根本的にとらえ、そして抜本的な解決策を考える上で決定的に重要な概念である。ただナショナル・ミニマム論は労働組合運動との関連で提起された概念であるのであまり理解されていない。筋道を示して、みていくことにしよう。

まず労働組合が前提となる。ナショナル・ミニマムの概念を初めて提起したのはイギリスのウェッブ夫妻であり、一八九七年に出版された『産業民主制論』のなかでだった。この『産業民主制論』は労働組合の機能を定式化したことで知られている。意外に思われるかも知れないが、この労働組合の機能が不可欠な前提としてナショナル・ミニマム論は展開されている。

ウェッブのナショナル・ミニマム論の重要性を早くから指摘していた大前朔郎は、「ウェッブは、ナショナル・ミニマム政策を労働組合運動の論理的、歴史的発展の一形態としてとらえ、同時に、その運動が限界点まで達したとき、つぎにとられるであろうと考えられる政策」と述べる。難しい表現だが、労働組合の発展の先にナショナル・ミニマムは提起される、というウェッブの論理の核心を指摘している。

それでは労働組合の論理とはどのような意味なのだろうか。このウェッブが対象とした労働組合は一九世紀末のものであるが、欧米の職業別組合や一般組合、産業別組合に共通している。日本の企業別組合ではなく、労働組合の根源的な機能を有している「本当の労働組合」とみなければならない。日本のものと混同しないように注意が必要だ。日本では、労働組合とは要求実現の大衆組織であるとの曲解した説明が広まっているので、ここで労働組合とはそもそも何なのかを簡単に説明しておこう。

労働者が悲惨な状態におかれているのは経営者の働かせ方に問題があるのは当然だ。だがもっと奥底の本当の原因は労働者の内部にこそある。それは労働者がお互いに激しく競争していることだ。この労働者間競争こそが労働者の状態を悪化させている根本である。それをひっくり返す、つまり労働者間競争を規制することが労働組合の根源的な機能である。

それではどのように競争を規制すればよいのだろうか。それを定式化したのが先のウェッブ夫妻の『産業民主制論』である。労働者はどんなに賃金が安くても職に就こうと激しく競争している。競争は労働者が唯一もっている労働力商品を売るために起きる。労働力商品の安売り競争、バーゲンセールがなされているのである。個々人がバラバラに競争している状態を、ウェッブは「個人取引」されていると表現している。

競争を規制する方法は、この「個人取引」を「集合取引」(コレクティブ・バーゲーニング)＝団体交渉に代えることである。「集合取引」とは、労働力商品をまとめて(「集合」して)、経営者に売る(「取引」する)ことだ。労働組合が労働者を組織化(コレクティブな状態に)して、労働者を代表して経営者に売りつけることで労働者の競争は規制することができる。

そのために欠かせない条件がある。労働力商品をまとめて売るためには、同じ商品にする必要がある。「集合取引」の前提はウェッブがいう「共通規則」(コモン・ルール)である。どこでも同じような賃金であり、労働条件だから、労働者同士が競争しないですむ。この競争規制で生活は向上する。

ところで留意しなければならないのは、「共通規則」は労働力商品を「平等」にする基準だが、しかしその「平等」のなかには生活できる「水準」も含まれていることだ。「共通規則」は賃金水準のみならず、労働条件のすべてを規制する内容だった。当時の「共通規制」は、職業別労働組合の政策であり、賃金水準は標準賃金で、働き方は標準労働日で示されていた。このうちの標準賃金は最低賃金ではなく、徒弟制をへた熟練労働者を標準とした一人前の水準だった。つまり高熟練の標準労働者を対象にした家族形成可能な一人前の賃金である。

働く貧困層の出現とナショナル・ミニマム

ナショナル・ミニマムはこの「共通規則」の「歴史的発展」として登場してくる。「歴史的発展」

としてのナショナル・ミニマムとは、どのような意味なのだろうか。そもそも労働組合は産業ごとに一定の賃金水準を労使の交渉で決定するためにある。しかし労働組合が有る産業はいいが、無い産業では無法な労働が野放しになる。そこが労働組合の論理の「限界点」である。

一九世紀末・二〇世紀初頭、膨大なワーキングプアが出現したときに「限界点」が明らかになり、その「歴史的発展」としてのナショナル・ミニマム論が浮かび上がってくる。一九世紀末、熟練労働者の豊かな生活の対極に、極貧の生活を強いられている不熟練労働者が存在していることに社会は注目した。それは家内工業で働く主に女性労働者だ。請負制度のもとで労働者は極端な低賃金と長時間労働、劣悪な労働条件で働かされていた。その働かせ方が労働者の汗を搾り出させるようだったので苦汗制度(sweating system)、そのような産業は苦汗産業と呼ばれていた。

ここで重要なのは、ウェッブは苦汗産業をたんに家内労働に限定していないことである。「対価を支払わざる労働力の供給を受けつつある」産業だとしている。具体的には「健康を保つにたる衣食住を供するには不充分な賃銀」、「休憩と娯楽を奪うほど長い時間労働」、「危険又は不衛生な条件」で働かせている産業のことだ(ウェッブ一九六九、九一六頁)。

これは現代日本で、実にありふれた光景ではないだろうか。非正規雇用の労働者でなりたっているような小売・飲食・サービスの産業、あるいは正社員を使いつぶし、使い捨てる「ブラック企業」、これらの産業で働く労働者の実態と同じだ。一九世紀初頭のイギリスで苦汗産業と呼ばれた特殊な産業、これと同じような働かされ方がこの日本で広がっている。ここにウェッブ「ナショナル・ミニマム」論の今日的な意義がある。

さてそれでは、ウェッブはどこに解決策を見いだしたのだろうか。その理解のカギはこの「対価を払わない」産業をウェッブは「無規制産業」と規定したところにある。規制がない。つまり労働組合の「共通規則」による規制も、工場法など国の規制も受けない産業のことだ。先に述べた「運動が限界点まで達した」とは、労働組合の規制がおよばない産業が出現したことを意味している。しかしそれも労働組合の論理が解決の道を開くことになる。

ウェッブの考えは明確だ。「救済策は、この共通規則の考えを産業から全社会に拡大し、国民的最低限を規定して以て絶対的に如何なる産業も公共の福祉に反する条件のもとでは経営するを許さざること」(前掲、九三八頁)。この「全社会に拡大」された「共通規則」が、「国民的最低限を規定」するナショナル・ミニマムなのである。ここに労働組合の「共通規制」と一国レベルのナショナル・ミニマムとが連結することになる。

賃金のナショナル・ミニマムとしての最低賃金制

賃金のナショナル・ミニマムとして最低賃金制がある。ナショナル・ミニマムは国民の最低生活保障を実現するために、社会保険や公的扶助を始め多くの分野から支えられて成りたつ理念である。その重要な一分野として最低賃金制が構成されている。ではその最低賃金の水準はどのようなものなのだろうか。今の日本の貧困と低賃金を考えれば、この水準問題が議論の焦点にならなければならない。

ウェッブは苦汗産業の対策としてナショナル・ミニマムを提起した。その苦汗産業では「その日その日」の「生計費さえ支払えば」よしとする状況になっていた。ウェッブはこれを批判し、興味深い譬えでこう述べている。当時、「市街鉄道」は馬に引かれて走っていた。苦汗労働者が「馬であるとするならば」として、「その雇主は恐らく、日々の食料や小舎や休息や定量の外に、その事業の維持のために必要なる次ぎ次ぎの替え馬を飼育し訓練するの費用全額を準備しなければならないであろう」(前掲、九一七頁)。

馬にかかる日々の「定量」の費用は、労働者ならば日々の生計費だろう。しかしこれでは市街鉄道産業の未来はない。「次ぎ次ぎの替え馬」が必要であり、その費用が準備されなければならない。労働者ならばこれが労働力の再生産の費用ということに他ならない。ここから一頭の馬の生活の費用だけでなく、「次ぎ次ぎの替え馬」、つまり労働力の再生産の費用が必要だと主張していることが推測できる。

しかもウェッブはこのような「使い耗らし方」が労働者の「体格や智力や品性」を低下させることで「国民の資源を侵蝕し」、「社会の生活力を枯渇」させていると指摘している。ウェッブは今の日本の経済社会を批判しているかのようである。

以上みてきたウェッブの提起から引き出せることは、次のようだろう。労働組合の規制のない無規制産業のワーキングプアは、ナショナル・ミニマム思想にもとづく最低賃金制で克服することができる。その最低賃金制の賃金水準は労働力の再生産、つまり家族形成可能な水準でなければならないということである。

最低賃金制と単身者賃金

労働組合の「共通規則」を拡張したナショナル・ミニマム論からすれば、最低賃金制は労働者とその家族の生計費を原則とする水準だった。しかし今日ではそれは「過去のものとなり、単身者世帯の生計費を原則とするようになってきている」(黒川・小越二〇〇二、四〇頁)。これは慎重な検討が必要とされる。単身者賃金を可能にする多くの前提があるからだ。

まず第一は女性の労働力化がすすみ、女性の稼得能力が高まったことである。戦後とくに一九七〇年代以降、女性が労働市場に参入するようになった。また男女の同一労働同一賃金原則が確立し、まだ女性は低賃金職種で働くことが多いとはいえ、稼得能力は高まった。つまりこれまでの男性による家族扶養の分担は低くなったことになる。

第二は家族手当が立法化され、国が社会保障政策として子どもの養育費を支える制度が普及したことである。生計費の構成要素だった養育費が国の制度によって軽減されたことになる。

第三は福祉国家の社会政策によって家族生活の基盤が保障されていることである。多くの福祉国家では教育面では幼児教育から高等教育まで無償化が実現している。住宅についても低家賃の公共住宅が大量に供給され、家賃補助の政策も広くゆきわたっている。年金制度が完備しているので、老後の備えとして賃金の一部を貯蓄にまわす必要もない。住宅・教育・老後という勤労者の人生的課題の負担が少ない。家族の生計費を賃金によって負担する割合が非常に少なくてすむことになる。

このような福祉国家とジェンダー平等のヨーロッパ社会では、最低賃金制の水準を単身者賃金におくことが可能になるといえる。つまりナショナル・ミニマムの理念が、労働者の賃金だけでなく、社会保障・社会政策のトータルな施策として実現していることになる。しかし今日の日本にはいずれの前提条件も存在しない。このような環境で最低賃金額を単身者賃金に設定するならば、ウェッブのナショナル・ミニマムの思想、すなわち労働力の再生産による経済社会の安定という構想は日本で実現しないことになる。

ところでヨーロッパ型の福祉国家の水準と体系がないのは日本とアメリカである。そこでは現在、アメリカの生活賃金(リビングウェイジ)運動のなかで、賃金水準が提起されている。運動の「目標は、稼ぎ手が女性であるか男性であるか、結婚しているか否かにかかわらず、一人(single)の稼ぎ手が家族を扶養できるようにすることである」との主張がなされている(Figart *et al.* 2002: 193)。

シングル・ペアレントが扶養し、生活できる生計費の水準が公契約条例の賃金水準として妥当だろうということだ。少なくとも福祉国家が実現しない段階では、最低限の労働力の再生産が可能な賃金は、個別の企業が支払うべきだと考えられる。ウェッブの例えで言えば、産業を維持するには一頭の馬には、少なくともあと一頭分の費用が必要ということだ。

3　職種別賃金と最低賃金制による新しい賃金システム

日本におけるナショナル・ミニマム実現の道

先に現代日本の貧困と低賃金を検討してきたが、ナショナル・ミニマム論からとらえ返すと、その危機の根本が明らかになる。今日の危機は、初任給以下の水準が、低賃金の社会的相場になりつつあることだ。一昔前は、若者は正社員として採用され、初任給が低賃金であってもそこから脱していくのが標準だった。しかし今日では本書第3章(後藤道夫)が示しているように膨大な若者が「最賃＋α」で生活している。結婚もままならない。現に三〇〜三四歳の未婚率は男性で四七・一％、女性で三四・六％に達している(二〇一五年、総務省「国勢調査」)。この国では家族の形成は難しいのである。

ウェッブの例えで言えば、「次ぎ次ぎの替え馬」は不可能であり、したがって「市街鉄道」産業は崩壊する。日本に広げて言えば、家族形成の困難性は経済と社会を崩壊させる。この危機に対しては、ウェッブのナショナル・ミニマムの思想と施策で挑戦する以外にはない。そこでその論理と道筋を日本に当てはめて考えていくことにしよう。

まずナショナル・ミニマム論は、労働組合の「共通規則」を拡張する構想だった。「共通規則」の水準を、国民の最低生活の標準として、国家が制度で保障することを柱とした。その「共通規則」は労働組合が団体交渉で経営側に認めさせることで実現する。労使の自主的な交渉の場で、労働協約という形をとる約束事だ。ここは労使自治の領域だから、国家は介入できない。

一方、ナショナル・ミニマムの施策は国家の制度・政策だ。この二つの関係こそが、ナショナル・ミニマム理解の眼目の一つになる。労使自治で決められる「共通規則」が国の制度よりも先行し、国の労働政策はそれを後追いする。この関係になっている。

この関係は、資本主義の形成とともに登場した近代の市民社会のもとでは当然な位置づけとなる。拙著『ユニオニズムを創る』(近刊)で詳しく論じたように、絶対主義の時代では王政が、さまざまな中間団体の政治の網の目をつうじて国民を支配していた。営業や働き方も政治権力が決めていた。市民革命はこの権力を打倒し、その結果できたのが権力が介入しない市民社会だ。働き方は労使自治の空間で決められるようになった。ここで日本でのナショナル・ミニマム実現の困難性が浮かび上がってくる。労使自治の「労」＝労働組合の力が圧倒的に微弱なのである。

ナショナル・ミニマム理解の眼目のあと一つは、日本では「共通規則」がほとんど存在しないことだ。「共通規則」は言うまでもなく、企業を超えた労働条件の標準だ。年功賃金は企業を超えた賃金の標準にはなりえない。企業別組合は企業を越えて「共通規則」を押しつける「集合取引」を実現できない。

このようにみてくると、「共通規則」を労使自治で実現させる労働組合の力が極めて弱いことと、そもそも年功賃金と企業別組合のもとでは「共通規則」はつくれないこと、日本にはこの二つの壁がナショナル・ミニマム実現の道に立ちはだかっていることがわかる。だが困難であっても、日本の貧困と社会の崩壊を直視すれば、この壁は乗り超えなければならない。

業種別職種別ユニオンによる職種別賃金の実現

年功賃金と企業別組合にかわるオルタナティブをさぐることが必要とされる。それが企業別組合にかわる業種別ユニオンであり、年功賃金にかわる職種別賃金である。まず業種別職種別ユニオンには、「業種別」と「職種別」と、それぞれの意味がある。「業種別」だが、この言葉は、「産業別」だと鉄鋼産業や建設産業などと大きな枠組みをイメージしがちなので、とりあえずは小さな産業という意味でもちいている。しかし「業種別」の意味の根本は、産業別と同じように、団体交渉をおこなう経営者団体に対応しているところにある。この企業横断的な産業別・業種別交渉こそが、「共通規制」を経営側に押しつける「集合取引」の機構である。

つぎの「職種別」は、「共通規則」を設定する基準であるジョブを意味している。「共通規則」は労働者間競争を規制する基準であるので、企業を越えられる基準でなければならない。職種別賃金ならば、企業を超えて横断的な賃金規制を実現することができる。

ところでこの職種別賃金の水準こそが、これまで検討してきたナショナル・ミニマム論とそれにもとづく最低賃金制の議論の帰結となる。新しい最賃額として要求されている時給一五〇〇円であっても、シングル・ペアレントの生計費をまかなうにはまだ低い。最賃額をさらに引き上げることが必要だ。しかしここに「労使自治」先行論が立ちはだかる。

この最賃額一五〇〇円を突破する主体こそ業種別職種別ユニオンなのである。例えば東京都のある保育士ユニオンは時給二〇〇〇円を要求している。一カ月の所定内労働時間を一五五時間とすると、月三一万円、年にして三七〇万円となる。これでも低いかもしれないが、重要なのは、ユニオンの実力をもって最賃額を超え、より豊かな生活を求めていることだ。

職種別賃金とナショナル・ミニマム型最低賃金制

貧困と低賃金を克服し、家族形成不能な社会を転換させるには、新しい賃金システムと福祉システムを構築していく他はない。そのためにはまず、業種別職種別ユニオンの運動によって、数多くの業界で一つひとつ職種別賃金を地道につくりあげていくことだ。その賃金水準は最賃要求一五〇〇円を上まわることが目指されるべきだろう。この職種別賃金で貧困から脱出し、家族形成が可能な生活を目指すことができる。この一点ならばあらゆる組合潮流を超えて労働者の大々的な職種別結集をはかることができるに違いない。

そしてこの職種別賃金に牽引される形で、最低賃金一五〇〇円が実現されるだろう。この職種別賃金とリンクした最低賃金制は、これまで年功賃金に足を引っ張られていた最低賃金制とは違う。これまでの最低賃金制は年功賃金の最下限である初任給が重しとなり、つねにその下に抑え込まれていた。国家の権力でこの民間初任給の社会的相場を超えて、最賃額を決定するにはやはり無理がある。貧困を克服するためには最低賃金制の根本的な転換が必要とされる。

労働組合の「共通規則」である職種別賃金は、すでに述べたように労働力の再生産が可能な水準でなければならない。この民間の職種別賃金に接近する最低賃金額も、再生産を可能とするナショナル・ミニマムの理念にもとづいている。このようにして日本の「年功賃金型」最低賃金制は、「ナショナル・ミニマム型」最低賃金制へと転換していくだろう。

4 新しい賃金運動をめざして

労働組合運動の二つの柱

この職種別賃金と最低賃金制とが新しい賃金システムとなる。さらに賃金システムと、福祉国家型の福祉システムとが相まって一国レベルでの生活保障制度を構築することになるだろう。これが貧困大国・日本を改革する正道に他ならない。しかしいったい、どのようにしてナショナル・ミニマムにもとづく賃金システムを実現することができるのだろうか。これまでの戦後労働運動の延長で可能なのだろうか。新しいシステムの構築には新しい運動が構想されなければならない。

戦後労働運動は、その中心的位置を占めてきた総評の運動路線を踏襲しているといってよいだろう。それは春闘と国民的政治課題の運動、すなわち企業内賃上げと政治運動を両輪にした路線である。この両輪論で新しいシステムの構築は可能なのか、この疑問から新しい運動論を考えていかなければならない。

ここで労働組合運動がかかわる「社会システム」の二つの柱を示しておこう。運動は法律で定めた「制度システム」と、労働社会の内部での組合機能による「自治システム」の二つから成りたっているとみることができる。

このうちの「制度システム」の構築は、これまでの労働運動でも政府に対する政策制度闘争と呼ばれていた運動である。政府に対する運動といっても、「制度システム」を要求する運動と、国民的政治課題や政権交代をもとめる政治運動とは異なる。もちろん「制度システム」を構築するには「政治」と向き合うことが避けられないし、必要ともされている。よりよい社会保障政策や労働政策を実現するには政治のチャンネルが不可欠だからだ。しかし政治との向き合い方は、特定の政党を通じたり、特定の政党を排除したり、まして政権交代を求めたりすることではない。労働組合は、大きな運動を背景にして、みずからの政策をあらゆる政党・議員が支持するよう求めることである。

これとは別に、政治を変え、政権交代を実現するには、自発的な政治結社や政党に参加し、またそのもとでの政治運動や選挙活動に積極的に参加することでなしとげられる。このようにトータルな政治改革と、「制度システム」の構築とは接近しているが、異なる次元であるとの理解が必要とされる。

このことをまず初歩的な前提として、労働組合運動におけるこの「社会システム」について、ドイツの例を参考にしてみていくことにしよう。ドイツの年次有給休暇は一九六三年の法律で、最低二四日間と定めている。しかし企業と労働組合との労働協約では、大半の企業は三〇日間の休暇を与え、残業時間を一〇日前後まで代休とすることを認めている。ドイツでは権利の行使は当然のことだから、労働者のほとんどが有給休暇は完全に消化している（熊谷二〇一五）。だからドイツの労働者は一年のうち一五〇日は、働いていないことになる。それでも労働生産性は日本よりも高い。

さてこのように、二四日の有給休暇の方は法律による「制度システム」で得られた水準である。だが実際には年に四〇日間の有給休暇が実現している。その年休は「自治システム」によって、つまり経営者団体と労働組合との労使自治における交渉ごとで実現した水準だ。国家が関与しない市民社会の領域で、社会集団と社会集団との対立と闘争、協調、妥協をへて、約束事として「自治システム」を実現している。この事例にかぎらず、国の制度よりも労働組合の水準が上まわるのは産業別組合が確立している国では当然のことである。

段階論と同時並行論

だがこれはイギリスなどの労働運動先進国での歴史的経過と論理なのである。日本の運動論のレベルでは以下のようなプロセスとなるだろう。

運動後進国の日本では、「自治システム」の構築が先行して、「制度システム」がその後に実現するとの段階論をとることはできない。今日の貧困と福祉崩壊のもとでは、ユニオン運動でも福祉運動でも、同時並行的な運動の展開が求められているからだ。この同時並行の必要性を、職種別賃金と最低賃金制との関係を例に検討していくことにしよう。

労使自治による「共通規則」が先行し、最低賃金制が後追いする関係は論理の道筋として当然のことである。ウェッブが体験したイギリス労働運動では先行・後追いの関係は現実の流れだった。しかしこの日本では「共通規則」はほとんど存在しない。無いのであるから、この関係は論理としても設定することはできない。

職種別賃金運動と最賃要求運動との同時並行的な展開が必要とされる。そうすることで最低賃金制を要求するカンパニアや街頭の運動から、職種別賃金を実現するユニオン運動へ、またユニオン運動から街頭へ、相互のエネルギーの好循環を期待することができる。

さらに一五〇〇円最賃要求は、賃金運動にリアリティをもたせることができるだろう。最賃額一〇〇〇円の要求は、「最賃＋α」の労働者にとって、実現したとしてもあまり魅力はない。この額では単身者ですら安定した生活をおくることはできないからだ。今とたいして変わらない暮らしが続く。しかし一五〇〇円だと、そうなったら「病院に行く」、「貯金をする」、「おしゃれができる」、「自分を信じられる」、つまり今の生活が少しは変わるかもしれないとの予感をもたせる。その予感を現実のものにする最賃運動は、さらに職種別賃金要求へと飛躍することを容易にするだろう。やはり強調しておくと、運動は同時並行であっても、理念と要求水準、主体形成からすれば先行・後追い論が前面に出るべきだろう。「自治システム」は、民衆じしんがユニオンに加わり、経営者と対峙し、決着をつける。この闘いのなかで社会を変える主体が生まれてくるからだ。

このようにして今、職種別賃金と最低賃金制の賃金システム、そして福祉国家型社会政策、この二つを柱とする新しい生活保障システムを、日本で構築する長い道のりを展望することができる。政府や政党にみずからの働き方と暮らし方を託すのではなく、民衆じしんが社会改革を担うことができるように、社会労働運動はこれまでの運動と組織、言説のすべてを変える必要がある。やがて民衆はその社会的使命を自覚し、みずからがその課題に挑戦していくことになるだろう。

参考文献

ウェッブ、シドニー&ベアトリス(一九六九)『産業民主制論』法政大学出版局
大前朔郎(一九八三)『社会保障とナショナルミニマム 増補版』ミネルヴァ書房
加藤裕他(二〇一七)「シンポジウム 最低賃金引上げには何が必要か」『労働法律旬報』第八九八号
熊谷徹(二〇一五)『ドイツ人はなぜ、1年に150日休んでも仕事が回るのか』青春新書
黒川敏雄・小越洋之助(二〇〇二)『ナショナル・ミニマムの軸となる再賃制』大月書店
後藤道夫(二〇一六)「「最賃一五〇〇円」運動——その大きな背景と変化」『賃金と社会保障』第一六六〇号
Figart, D. M. *et al.* 2002. *Living Wages, Equal Wages*. Routledge.

第三部　ポスト資本主義の社会運動論

6

経済成長システムの停滞と転換

――ポスト資本主義に向けて――

宮田惟史

はじめに

　現代の資本主義はいま、大きな岐路に立たされているといってよい。日本やアメリカ、欧州連合（EU）を含む先進諸国では、労働諸条件の劣化や貧困・格差の拡大などが叫ばれてひさしい。金融市場は投機的性格を強め、金融危機は頻度を増している。とりわけ日本では「失われた三〇年」ともいわれる「長期停滞」のなかでこれらはきわだっている。いったい、こうした国民生活の閉塞状態の処方箋や、そこからの「出口」はどこにあるのだろうか。このような疑問にたいするこれまでのひとつのきまった答えは、「規制緩和」や「金融緩和」、「有効需要創出」などを通じ「経済成長」を実現すればよいのだ、というものであった。経済成長とともに企業利益が拡大してゆけば、いつかはわたしたちの賃金や社会福祉にもその果実がこぼれ落ちてきて格差も縮まるだろう、これがほとんどの人たちの共通認識であり、大半の経済学者たちの「常識」でもあった。こうして人びとは賃金や社会福祉の削減、競争の強化などの「痛み」に耐え、ひたすら「経済成長・利潤最大化」を追求してきた。とりわけ高度成長期や、一九八〇年代末から九〇年代初頭のバブル期という特殊なひとときを体感した世代は、その再来を夢みたのもむりはなかろう。

　しかしながら、経済成長・利潤最大化を目指してきた結果、現実にはなにがもたらされただろうか。まさに真逆の帰結である。とりわけ日本では力強い経済成長を徹底的に追いつづけたにもかかわらず、一九九〇年代以降、経済成長率は低迷をたどった（図1参照）。そればかりか、実質賃金の低下と急速な格差拡大に示されるように、富裕層の所得が伸びる一方、中間層は没落した。これはなにも日本だけでなく、アメリカや欧州諸国でも、所得上位一〇％の所得が国民総所得に占める割合が急激に高まっているという事実からも同様のことがうかがい知れる(1)。このような現実を目のあたりにし、多くの人びとは、とらえようのない違和感や将来への不安をおぼえているのが実情であろう。

では、現代社会のこうした国民生活をゆるがす原因はそもそもどこにあるのだろうか。答え方は論者によってさまざまだろう。しかし、そのもっとも本質的な原因についていえば、それは資本主義社会、すなわち経済成長・利潤最大化を目的とした社会システムそのものにあるといえる。周知のようにほとんどの経済学者たちは、まさにその原理を体現し、実現の方法こそ異なれども、まるで万能薬であるかのようにさらなる「経済成長」を唱える。これは新古典派やポスト・ケインズ派だけでなく、松尾匡氏(2)などのいわゆる「マルクス派」と呼ばれる経済学者にも共通する。あくなき「経済成長」の探求は、ほぼすべての経済学者が共有する鉄則なのである。しかしながら現実をみると、資本主義の核心である経済成長は「行き詰まり」を迎え、新たな社会システムへの転換を要請しているのではないのだろうか(3)。むろん、新古典派成長理論（ソロー・モデル）やポスト・ケインズ派のハロッド・ドーマー理論以来、経済成長理論はそれぞれの学派できわめて長い研究史を有しており、本章でこれらに立ち入る余裕はない。本章の課題は、「経済成長」をはじめて原理的に批判したマルクスの経済学説——いわゆる「マルクス派」とは異なる——に立脚し、すでにこんにちの社会において急速な経済成長と国民生活の向上とが結びついて進むことは、いわば「幻想」であることを示すことにある。この考察を通じ、むしろ経済成長システムからの転換――ポスト資本主義――こそが迫られていることを明らかにしたい。

1　経済成長の帰結

「経済成長」とは何か

はじめに、「経済成長」とはなにを意味するのかを簡潔に整理しておきたい。周知のように教科書的には、経済成長の指標である国内総生産（ＧＤＰ）とは、一定期間に国内で生み出された付加価値の総計である。それゆえ経済成長の進行とは、一国全体の付加価値の合計の量的な増大にほかならない。これだけをとると、経済成長とは経済規模の拡大ということになろう。

しかし、その意味を無規定にたんなる付加価値の量的な増加と捉えてはならない。細部の項目を度外視していえば、付加価値とは〈賃金〉と〈企業利潤・利子・地代〉との合計、マルクスの用語でいうと〈可変資本〉と〈剰余価値〉とを足し合わせたものであるが、付加価値の構成要素のなかでも、あくまでその中心は剰余価値部分の増大にある。個別資本の立場からみると、それは増収（売上高増大）・増益（利潤増大）をはかる、つまり利潤最大化行動として現われる。

むろん付加価値の構成要素には労働者に支払われる賃金部分も含まれるが、その分配比率を高めることが個別企業や社会全体の目的ではない。くり返しになるが資本主義社会の推進力はあくまで剰余価値の増大にあり、国内総生産が拡大し、付加価値が増加したからといって労働分配率や賃金が上昇するという必然性はどこにもない。(4)「成長」の主体は「労働者」ではなく、あくまで「資本」である。つまり、「経済成長」のコアは、たんなる経済規模の量的拡大にあるのではなく、資本蓄積(剰余価値の資本への転化)、すなわち拡大再生産をおし進め、剰余価値(利潤)を最大化する——資本が拡大された規模で労働者の剰余労働を吸収する——という点にあるのだ。「経済成長」から資本主義的性格をはぎとり、それを成長一般ないし生産一般として無規定なものに還元し把握してはならないのである。(5)「経済成長」とは、利潤最大化を目的とする資本主義システムの核心と合致したこの社会で、はじめて固有の意味をもつタームなのである。

経済成長の「行き詰まり」

このような経済原則のもと、日本では「失われた三〇年」、長期停滞の克服に向け「経済成長」が第一に求められてきた。近年ではアベノミクスがその典型であった。アベノミクス「三本の矢」のうち「成長戦略」は、既存の新古典派の規制緩和と同質であり、法人税率の引下げや労働規制の緩和、カジノ創設などを通じ、「経済成長」の環境を整備するものだった。「財政出動」も、かつてのいわゆるケインズ政策と相違はなく、人為的に投資機会の創出をこころみるものだった。唯一の「新しさ」といえた二年間で物価上昇率二%を目的とした「異次元金融緩和」も、デフレから脱却し、企業収益を回復させ経済成長率を高めるところに狙いがあった。要するに、いっけん斬新にみえたアベノミクスも、本質的な意味での「新しさ」はなく、結局のところ「経済成長」の実現に向けた取りくみであったのである。

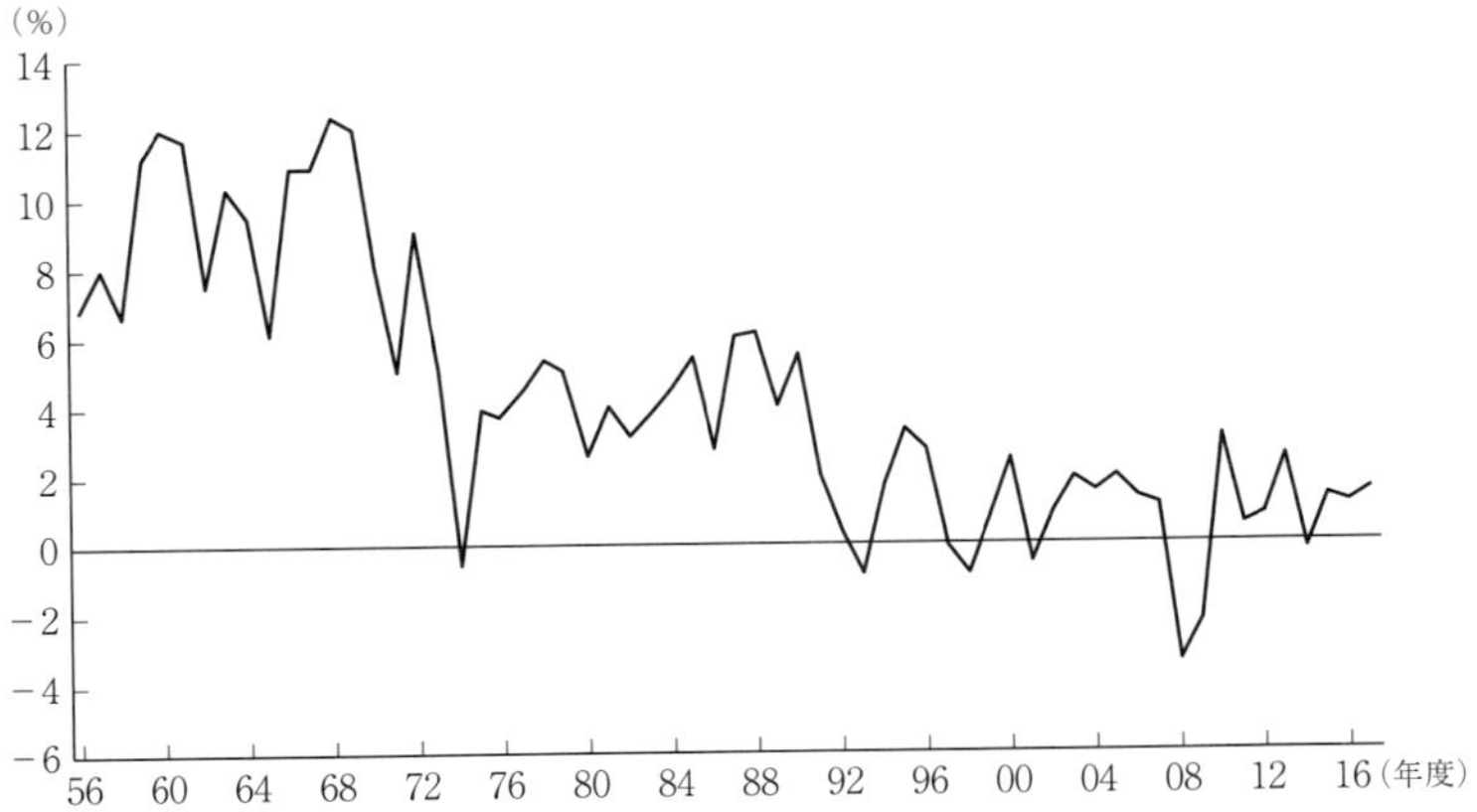

出所：内閣府「国民経済計算」より作成.

図 1　日本の実質経済成長率の推移

しかしながら、すでに既成事実化したように、アベノミクス開始から約六年間の経済成長率も一%前後と低迷したままだった。その目玉といえた、物価上昇率二%を二年程度で達成するという目標も、期間内はおろか、早くとも九年目に突入する二〇二一年度以降まで、その実現は困難だとの見通しは黒田東彦日本銀行総裁も示したとおりである[6]。その失敗は、いまやだれもが否定できない客観的な事実である。たしかに近年、失業率は低下傾向にあるが、それは固有の政策効果というより、定年をむかえた団塊世代の大量退職と、その一方での少子化にともなう新卒者数の減少に主因をもっていた。また「過去最大の利益」も、円安効果による円建て輸出収入の増加と人件費削減に依存したものであり、国内の設備投資や個人消費の拡大が牽引したものではなかった。このことは、設備投資や消費支出、実質賃金が変動はあるもののいまだ停滞基調にあることからも明白である。

景気回復の「実感」がないのはいわば当然である。

ところで、こうした事態はいまにはじまったことではない。日本の実質経済成長率の平均値は、高度成長期の一九五六～七三年度が九・一％、いわゆる安定成長期の一九七四～九〇年度が四・一％であるのにたいし、バブル崩壊後の九一年度から二〇一七年度までの平均値はわずか〇・九六％にすぎない。図1にも示されるように、急速で持続的な経済成長は「行き詰まり」をむかえたというのが現実なのである。

だがなぜ、経済成長は行き詰まり、非正規雇用の拡大や賃金下落など国民生活の劣化が進んでいるのだろうか。なによりその原因が、規制緩和や金融緩和の不足、あるいは財政支出の制限によるたんなる「需要不足」にあるのではないことは明らかであろう。仮にそれが原因であるのなら、とうに力強い成長をとり戻し国民生活も向上しているはずである。なぜなら九〇年代以降、アベノミクスというワードはつかわずとも、程度の差はあれ、これらの政策はくり返し打たれてきたからである。では長期停滞の原因はいったいどこにあるのだろうか。

結論の一部を先取りしていえば、その原因はより根本的な問題、すなわち現代の資本主義は高度な経済成長など不可能なほどまでに生産力が発展し成熟しきったところにある。(7) 資本主義とは、本質的に経済成長・利潤最大化を目的としたシステムであり、たえず生産力の上昇を目指す社会だが、その追求がかえって経済成長率や利潤率を低下させ国民生活を疲弊させる、こうした歴史的局面にいまの資本主義は突入しているのである。それゆえ旧来の経済政策をくり返しても有効性があらわれないのである。そこで、あらためてこの点について具体的にみよう。

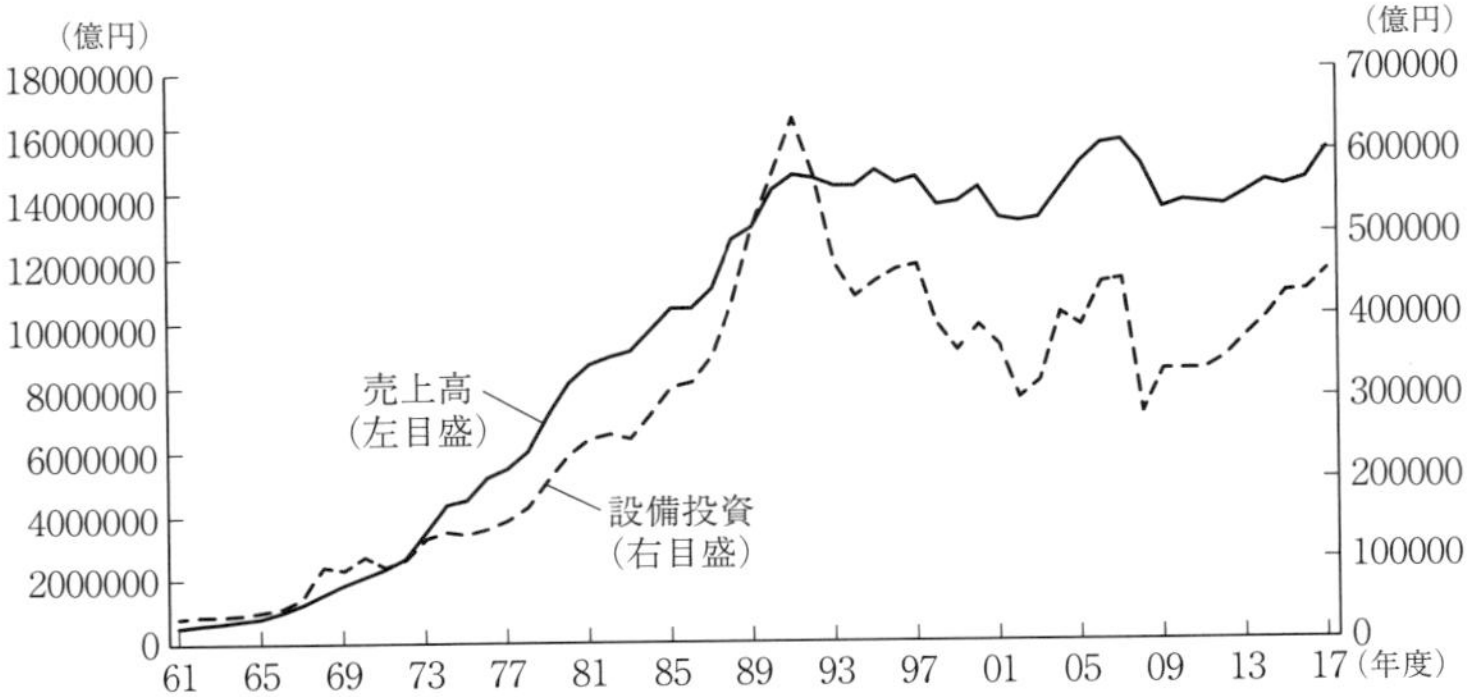

注1：売上高の対象は全産業(金融・保険業を除く)の当期末の金額.
注2：設備投資の対象は全産業(金融・保険業を除く). 設備投資額にソフトウエアは含まれていない.
出所：財務省「法人企業統計」より作成.

図2　日本の売上高と設備投資額の推移

長期停滞の原因は何か

はじめに図2を参照されたい。日本の売上高も設備投資も、高度成長期からバブル崩壊の一九九一年度まではほぼ右肩あがりであった。ところが、九〇年代以降、売上高は輸出量が増加した二〇〇三～七年度を除くと、現在にいたりほぼ横ばいであり長期停滞基調にあることがわかる。つまり企業は、商品の売上高をこれ以上に伸ばすことができない局面に突きあたっており、国内市場の拡大は限度の域に達しているのである。

設備投資にあっては、九一年度をピークに、近年でこそ二〇〇七年度と同水準にいたるものの、かつてのピークに迫るものではなく低迷基調にある。この間に行われた設備投資のおもな内容も、人件費削減のための省力化投資や老朽化した設備の更新投資であり、経済成長を牽引する力強い増産投資はかぎられていた。だがそれはなぜだろう

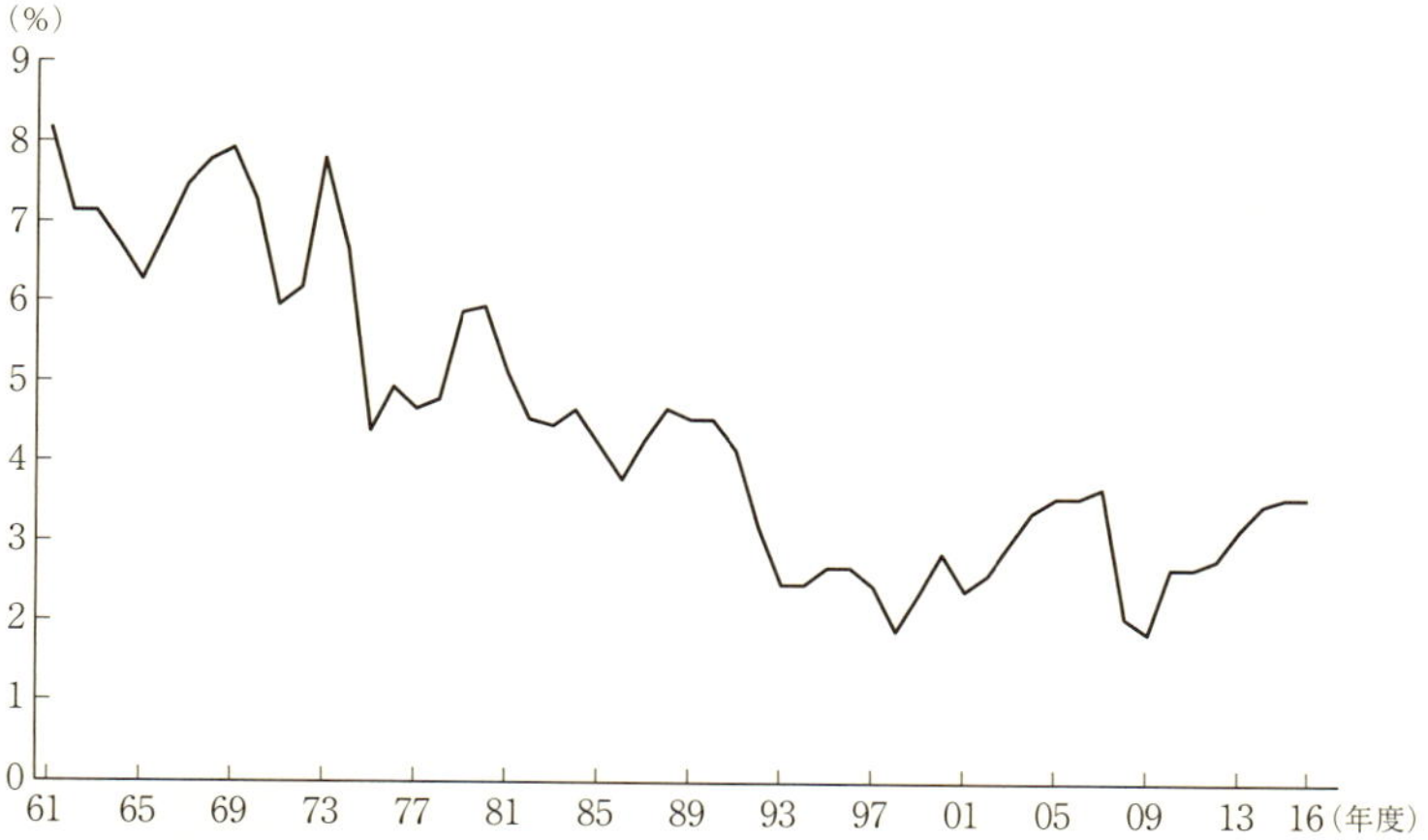

出所：財務省「法人企業統計」より作成.

図3　日本の総資本営業利益率の推移

か。

設備投資が低迷している主因は、追加投資をしても売上高増大(増収)、利潤量増加(増益)が期待するほど見込めないからである。いいかえれば、設備投資が行われないのは期待利潤率の水準が低いからである。図3からわかるように、日本ではバブル崩壊以降、売上高の低迷と歩調をあわせ利潤率(総資本営業利益率)は、一時的な上昇こそあれトレンドとしては低迷をつづけた[8]。こうした利潤率の傾向的低下は、なにより利潤の最大化を目的とする資本主義において致命的な制限ないし矛盾である。多くの論者はこの事実を看過するが、要するに長期停滞の原因は、生産力が高度に発展した結果、本質的には利潤率の傾向的低下と同時にかつてのような新たな市場をも喪失したところにある。

なお、以上のうちに、「異次元金融緩和」をおこなっても物価目標を実現できず、デフレから脱却できない原因も含まれている。(9) この間(二〇一三年四月〜二〇一九年度五月時点)、日本銀行はマネタリーベースをじつに三倍以上増加させた(一四九・五兆円→五一〇・八兆円)。これは歴史上経験がない規模である。にもかかわらず物価目標に到達しないのは、根本的には実体経済における持続的な利潤拡大に必要な現実的諸条件が存在せず、利潤率の水準も低く、積極的な設備投資の拡大にともなう借入需要が低迷しているからである。リフレ派がいうように「期待」を刺激し期待実質金利を引き下げることが仮にできたとしても、持続的な利潤拡大の条件がなければ企業は銀行借入をして設備投資などおこなわない。また、個人も実質賃金が低下基調のもとでローンを組んでまで購買しようとはしない。それゆえ、いくらマネタリーベースを供給しようとも、それに比例した借入需要は生まれず、日銀当座預金の残高が急増するだけで、その貨幣がそのまま実体経済へと流れて出てゆくことはないのである。長期停滞の原因は、金融緩和の量や「期待」へのはたらきかけの不足ではなく、資本主義において核心的な問題、すなわち生産力の発展がもたらした、実体経済における利潤率の傾向的低下にあったのである。

先にふれたように資本にとって必須であるのは、利潤増大のための現実的諸条件である。これをマルクスは「最初の衝撃(StoB)」と表現したが、(10) 景気を牽引する新たな市場や新使用価値の生産(リーディング産業)や新生産力の出現などがそれである。このような条件があってはじめて企業の利潤率は高まるし、銀行借入を伴う投資が拡大するのである。

こんにちの日本が直面する矛盾は、収益最大化を目的としているにもかかわらず、生産力が高度に発展した結果、急速な増収増益が可能な時期は終わったという点にある。かつて強烈な存在感を放ち、消費と設備投資を主導した自動車や電機、建設などのリーディング部門はいまなお基幹産業ではあるものの、これらの国内市場はすでに浸食されている。もちろん新商品の出現などによる買い替え需要はこれからもあろうが、生活必需品と結びつき一国経済を牽引する市場は存在せず、図2が示すように売上高の絶対量の急増(市場拡大)は見込めない。それほどまでに生産力は発展をとげ、資本構成もきわめて高度化している。それゆえ一時的上昇はあれどもトレンドとして利潤率や売上高は低位であり、設備投資の拡大などとして現われる現実資本の蓄積は停滞している。また関連していうと、近年の内部留保の増大も、たんに企業が利益をため込んでいるということではなく、利潤率の水準そのものが低迷し、その持続的上昇が見込めないこと、また利潤を実現する条件を欠き、現実資本の蓄積(=経済成長)の困難に突きあたっていることの表現である。

本章では詳述しないが、こうした事態は、マルクスが「現代の(modern)経済学のもっとも重要な法則、もっとも困難な諸関係を理解するためのもっとも本質的な法則」[11]として重視した「利潤率の傾向的低下法則」がいまなお貫徹していることを示しているのである。マルクスのこの法則については、新古典派やポスト・ケインズ派はもちろん、国内では宇野学派や置塩学派、国外でもデヴィッド・ハーヴェイやミヒャエル・ハインリッヒなど[12]ほとんどの「マルクス派」でさえ否定するが、この法則の把握を欠いては、現代の資本主義を読み解くことはできないのである[13]。

経済成長・利潤最大化の帰結

しかしながら、資本主義とは本質的に利潤最大化・経済成長を目的とした社会であり、なおいっそうの収益拡大を図らなければならない。したがって、「どのようにすればかつてのような経済成長を実現することができるのか」、という疑問も生まれよう。しかし、筆者はこのような問題設定自体がすでに「時代遅れ」であり、現実認識の欠如からうみだされる問いだと考えている。図2の売上高の行き詰まりが示すように、すくなくともいまの日本において、力強い需要をもたらすかつてのリーディング部門の市場はすでに飽和状態にある。供給サイドを重視する新古典派にたいし、ポスト・ケインズ派やいわゆる「マルクス派」は総需要の拡大を重視するが、需要といえども際限なくほりおこすことができるわけではない。いかなる社会においても需要には量的な「限度」がある。これをマルクスは「社会的使用価値の限度」といったが[14]、わかりやすくいうと自動車や家電でもひとつの一般家庭に一台程度あれば、それ以上必要としないということである。つまり、いかなる商品の需要も無制限ではなく、ある社会的な量的限度をもつのである。むろん新商品の開発はこれからもあるが、大きな雇用吸収力や波及効果をもち、とりわけ急速な経済成長のカギをにぎる生活必需品(衣食住)に直結する巨大な国内需要はいまや存在しない。近年では、ＩＣＴ(情報通信技術)産業が出現したときのように、ＡＩ産業への期待が高まっているが、これもかつての製造業のような雇用吸収力をもたないし、たとえば既存品種をＡＩ搭載機器に替えるといった買い替え需要は生むだろうが、ＩＣＴ産業と同様、高度成長の再来をもたらす性格のものではなかろう。

　しかし、なおもさらなる「経済成長・利潤追求」という問題設定に固執した場合、どのような道が残されているだろうか。答えは九〇年代から現在にいたる現実のなかにある。第一は、いっそうの人件費削減と規制緩和である。新たな販路の拡大による増益をみこめない企業は、規制緩和をつうじた非正規雇用の拡大や実質賃金の切り下げ、長時間労働などによって利潤量・率の上昇をはかってきた。こんにちの労働環境の劣化はこの道がもたらした帰結である。第二は、輸出依存度（近年は資本輸出）を高め、そこに活路を求めることである。とくに九〇年代以降の「景気拡大」はいずれも円安と国外市場に支えられたものである。国外市場に依存せざるをえないこと自体が、国内市場がすでに行き詰まりを迎えていることの裏返しである。最後に、有価証券市場でキャピタルゲイン（売買差益）の取得をねらう、つまり金融投機に参加する道がある。利益拡大が見込めず実体経済での投下部面を失った貨幣資本は、新たな収益部面を金融市場にもとめた。九〇年代以降、現実資本の蓄積は停滞基調にあるにもかかわらず、金融資産が一方的に累積する事態――「金融化」現象――や、それにともなう金融危機の頻発化は、本質的には実物部門の市場の成熟、利潤率の傾向的低下という制限を、資本が金融収益の拡大で突破しようとしたところに起因をもっていたのである。(15)

さて、現代の資本主義でなおも「経済成長・利益最大化」にしがみつけばこの程度の道しかない。しかしこれらは、金融投機や外国市場への依存によるさらなる不安定化、労働条件や社会保障の切り崩し、所得間格差の拡大などを助長する。要するに、こんにちのような歴史的局面でなおも「経済成長」を追求すれば、国民生活の犠牲のうえに一部の大企業や富裕層がひとときの利益をあげてゆく帰結しか残されていないのだ。これは「失われた三〇年」をみても明白である。したがって、もしこれが問題だと考えるのであれば、「どのようにすれば高度な経済成長が実現できるのか」と問いを立てても対抗軸にならないのである。

2　経済成長と国民生活の向上とは両立しうるか

「現代社会」の展望をめぐる三つの方向

では、経済成長システムにどのように対抗すればよいのだろうか。はじめにつぎの点を確認したい。「現代社会」を展望するさいには、大きく三つの潮流がある。ひとつは、先述したように、経済成長をなにより第一に追求する志向である。これは、いわゆる新自由主義として一九八〇年代以降のアメリカや日本などの先進諸国を席巻した潮流である。経済学でいうと新古典派にもとづくものである。いまひとつは、いきすぎた経済成長には批判的であり、経済成長と国民生活の向上（ないし安定）とのいわば「両立」をはかろうという主張である。そのなかには、ポスト・ケインズ派や制度学派、いわゆる福祉国家論者などさまざまな立場のものが入りまじっている。最後に、こうした「両立」論にとどまらず、よりラディカルに資本主義を、つまり経済成長システムを超えることをも視野にいれ対抗する流れがある。経済学でいうとマルクスの経済理論にもとづくものである。

経済成長と国民生活の向上との両立の矛盾

（1）　経済成長と賃金上昇とは両立しうるか

これまでのあくなき経済成長に懐疑的な論者の大半は、二つ目の立場、すなわち経済成長と国民生活の向上との「両立」を志向しているといえよう。

この流れにはさまざまな立場が混在しているが、代表的なもののひとつとして、ポスト・ケインズ派の学説にもとづくものがある。ポスト・ケインズ派の内部にも異なる潮流があるが、かれらに共通する特徴は「有効需要の原理」を分析枠組みの支柱にすえているところにある。ポスト・ケインズ派によると、有効需要が生産規模や雇用の水準を決定するのであり、それゆえ不況や失業の原因は、有効需要(消費需要と投資需要)不足にあるということになる。したがって経済成長軌道の回復は、財政支出や金融政策、所得再分配による有効需要の創出でさしあたり対応できるということになる。なかでもこんにち、新古典派への対抗として、比較的影響力をもつのが「賃金上昇による消費需要の増加を通じて有効需要を拡大させ、力強い経済成長をとり戻すべきだ」という志向である。これはポスト・ケインズ派のカレツキアンが定式化した「賃金主導型経済成長」とも共通性をもつが、いわゆる「マルクス派」の一部などを含め、人びとのなかにきわめて広く浸透している。しかしながら結論からいえば、これもまた限界づけられている。

たしかに社会的(マクロ的)にみると、賃金上昇によって一定の消費需要の拡大条件が与えられ、売上高も増大する可能性が生まれる。そのかぎりでは経済成長に寄与するといえよう。しかし忘れてならないのは、賃金上昇は社会全体の利潤(剰余価値)をそのぶん侵食し、利潤量・率の低下要因、したがってまた投資需要の低下要因にも結びつくということである。たしかに資本蓄積が進み労働力需要が高まると、一時的に賃金上昇も生じうるが、その進行は利潤量を減少させ、いずれは成長率の減退に結びつかざるをえないのである。資本主義社会において、賃金上昇の進行と経済成長とは両立するのではなく、本質的には相対立するのである。

このことは、社会的にだけでなく、個別資本（ミクロ的）の立場からみるとより先鋭に現われる。個別企業において賃金の引き上げは、基本的にはつねに利潤の減少要因にほかならない。このようにいうと、個別企業にたいして、社会的にみれば賃金引き上げは消費需要を創出し、めぐりまわって資本家全体の利益になるのだと啓蒙すればよいのだという反論も生まれよう。しかしこのようにいうひとは、資本主義的生産において個別企業は不断の競争を強いられていることを忘れている。個々の資本家たちは競争に打ち勝つことをつねに強制されており、それに負ければ淘汰されるほかはなく、かれらには、なにより眼前の私的利益こそが死活にかかわる規定要因なのである。したがってこのような啓蒙は、競争のなかで「奮闘」している各々の資本家たちにとってはひとつの空論にひとしい。

また近年では、各企業のもとに膨大に累積した内部留保を、賃金の引き上げに回すようにはたらきかけ「経済成長」を図ればよいのだという主張もある。むろん、筆者も内部留保を賃金に転化することと自体に反対したりはしない。しかし人件費削減をひとつの梃子として増大した内部留保を、それを資本蓄積（投資）に向けることができないからといって、こんどは逆に賃金の引き上げにそのまま還元しようとする個別企業が――アソーシエイトした人びとによる対抗的運動や社会的強制がないかぎり――どこに存在するだろうか。こうした志向を含め、経済成長と賃金上昇とが両立できるというタイプの主張は、大なり小なり共通し「トリクルダウン」を暗黙に前提するが、あくまで資本主義とは本質的に利益最大化を目的としたシステムであり、労働者の生活向上を目的とする社会ではないという基本をひとときも看過してはならないのである。もしも賃金上昇と経済成長とがいつも両立するのなら、資本主義はウィン・ウィンで調和的な社会システムともいいえよう。資本主義的生産様式に現存する対立的諸関係ないし矛盾を見失ってはならないのである。[16]

なお、誤解のないよう付言すれば、筆者はけっして賃金引き上げそれ自体を批判しているのではない。賃金上昇そのものは国民生活の向上のみならず、労働する諸個人がアソーシエイトし資本を社会的に規制するという意味でむしろきわめて重要である。しかしここで区別すべきは、だからといって「賃金上昇でたえざる経済成長が可能だ」とはならないということである。また、かりに賃金の一時的な上昇がみられたとしても、長時間労働や競争の深化などによる人びとの労働苦がとり除かれるわけでもない。後述するように、これらの状態は本質的に資本を、したがって経済成長・利潤最大化の原理を、アソーシエイトした諸個人が自覚的に制御することを主軸におかないかぎり、いつまでも再生産されざるをえないのである。

（2）　経済成長と社会福祉の向上とは両立しうるか

さて、経済成長と国民生活の向上との「両立」をはかる志向として、いまひとつは旧来のいわゆる「福祉国家」に向けたこころみがある。「福祉型資本主義」といいかえることもできよう。周知のように欧州諸国を中心に、とくに「黄金の一九六〇年代」と呼ばれた高度成長期、それは大きな影響力をもった。こうした歴史的成果を継承し、「大きな財政」をつうじ「再分配」を高め、あらためて福祉国家の構築を目ざすべきだという志向がある。

ところで、もともと福祉国家は、あくまで資本主義の急速な発展を前提に成り立つものだった。

すなわち、高度経済成長による税収増大のもとではじめて維持できるものであった。だから高度成長下においては、社会保障や教育など国民の社会生活の向上をある程度までは実現することができた。ところが、一九七〇年代のオイルショックをへて資本主義が低成長段階に突入すると、すぐさま「福祉国家の危機」（一九八一年ＯＥＣＤ報告書）が叫ばれるようになり、福祉充実を標榜していたイギリスもいわゆる新自由主義へと大きく舵をきった。さらにワンランク経済成長の水準が低下した一九九〇年代以降は、もともと社会福祉を重視していたフランスやドイツなどの大陸諸国でも転換が迫られ、以前にくらべ、むしろ経済成長や競争原理へと重点をシフトしている。このように、かつての経済成長が不可能になるにつれ、福祉拡充との「両立」が困難になり、各国によって比重は異なれども、両者のあいだでゆれ動き、旧来の福祉国家は行き詰まりをみせている。つまり、資本主義が成熟した局面にあっては、両者の矛盾は拡大し、「両立」は限定されざるをえないのである。

しかしながら近年でも、社会福祉の拡充と経済成長との「両立」の実現に向けた主張はあとをたたない。ひとつは、「福祉国家の建設」とはいわずとも、福祉や介護分野の拡大によって経済成長をはかるべきだという主張がある。なるほど、たしかにその潜在的需要は大きい。だが忘れてならないのは、こうした対人サービス分野は製造業などに比べ人件費比率が高く、つまりマンパワーを必要とせざるをえず、増収増益にはきわめてなじまない分野だということである。それゆえこの分野で増収増益を目指すと、すぐさま人件費削減に結びつく。このことは収益論理にもとづいた介護や福祉施設の労働条件が劣悪だということからも明白だろう。つまり、介護・福祉分野はその特殊性もあいまって、収益最大化を追求した瞬間にむしろ労働条件は劣化するのであり、これらは経済成長とは別の見地から育成しなければならない分野なのである。

いまひとつ最近では、松尾匡氏(前掲)たちのように、中央銀行が金融緩和により政府から国債を直接あるいは間接的に買い取り、政府が中央銀行からえた「緩和マネー」を福祉や教育関連分野に支出し、有効需要や雇用を増大させ経済成長を実現すべきだという主張も見受けられる。しかし、これまた論理的にも現実的にも成り立ちえない。このような主張は、「国債」とはなにかという基本的なタームの把握を欠くことから生じている。いうまでなくマネタイゼーション(政府が発行した国債を日銀が直接引き受けること)は法律的に禁止されているが、まずはかれらのいうように、政府が国債を中央銀行に直接ないし間接的に買い取ってもらい、その「緩和マネー」で財政支出を拡大させたと想定してみよう。一見すると、なんの努力もなしに中央銀行から購買力が創出され「無から有が生み出された」ようにみえる。これによって経済成長がもたらされるようにも考えられよう。しかしながら、「国債」とはどこまでいっても本質的に国家債務にほかならず、最終的には利子だけでなく、償還期限がきたら国家はその額を必ず国民の税金で返済しなければならないことを忘れてはならない。中央銀行の「緩和マネー」を福祉や教育分野に向けようが、国家が国債を発行している以上、それが国債であるかぎり、結局はその分、国民負担(税金)としてはね返ってこざるをえないのである。まったく同じわけではないが、これは近年のギリシャの財政危機などで結果的には社会保障の削減や増税等に帰結することをみても明らかであろう。このようにいうと景気が回復するまで国債を長期間塩漬けにして償還期限を延ばせばよいという反論もあるが、返済猶予が長期間与えられようが、本質的に同じことである。国債とは、国家債務であり、債権・債務関係(貸出・返済)という経済原則が廃棄されるわけではない。つまり、中央銀行の「緩和マネー」で政府支出を拡大させたとしても「無から有を生む」などということはできないのであり、最終的には国民所得の一部をなす税金負担(労働者の労働が生み出した価値物)に帰着せざるをえず、「緩和マネー」でそのまま経済成長が達成できることにはならないのである。

ただし、もちろん筆者は社会福祉の拡大そのものを批判しているわけではない。むしろそれ自体は国民生活の向上のみならず、アソーシエイトした人びとの要請や運動が起点になってはじめて実現できるという意味できわめて重要である。しかし、だからといってそれと経済成長との「両立」が可能だとはならないのであり、それとは明確に区別する必要があるのだ。

3　ポスト資本主義――アソシエーションに向けて

新たな社会システムの主体や物質的諸条件は現存の資本主義のなかにある

このようにみると、こんにちの社会でなおも経済成長を追い求めると、国民生活の向上と両立しないばかりか、結局のところ国民生活の犠牲のうえで一部の企業や富裕層が一時的に利益をあげていくところに帰着せざるをえないことがわかろう。では、それに代わる道はいったいどこにあるのだろうか。

すでに述べたように、現代社会の国民生活の疲弊の本質的な根拠は、資本主義そのもの、いいかえると経済成長・利潤最大化を目的とする社会システムにある。それゆえ、この社会からの脱却を位置づけないかぎり、人びとはたえず同じ問題に直面せざるをえない。なるほど、たしかに「大きな財政」により「再配分」やセーフティーネット機能を強化すればよいのだという考え方もあろう。だが、仮に大きな財政支出で「再分配」機能を高め、高齢者や失業者、長時間労働や低賃金に苦しみこぼれおちる労働者たちを一時的にフォローしたとしても、こうした社会的困窮は不断に日々生まれざるをえない。「経済成長(市場)か分配(政府)」のいずれをとっても問題の最終的な解消はない。つまり、これらの問題を垂れながしている原因である「蛇口」を止めないかぎり、国民負担(税金負担)でそれらをひたすらすくいあげること――これもまた限度をもつが――に帰着せざるをえないのである。ではこの「蛇口」とは何だろうか。これこそが、あくなき「経済成長・収益最大化」をおし進める「資本」の利潤原理である。要するに、「蛇口」である資本の収益論理を人びとが社会的にコントロールし、最終的にはそれを止揚しないかぎり問題は解消しえないのである。

このようにいうと、資本を制御し、利潤最大化を目的としない社会を考えることなど、それこそ「幻想」ではないかという反論もあろう。しかし重要であるのは、こうした新たな社会システムの萌芽は資本主義社会のなかにこそ現存しており、資本主義自身が「蛇口」の制御をこころみる主体や組織をじっさいに産出しているということである。

たとえば本書第4章(今野晴貴)からもわかるように、資本に対抗する運動は不十分ながらも、いまの社会のなかに存在している。典型的には、どの先進諸国においても労働者たちはアソーシエイトして労働組合を組織し長時間労働の規制や賃金の引き上げを求めてきた。また近年では、さまざまな活動を行う非営利組織（ＮＰＯ）や協同組合組織なども生まれている。もちろん、ひとつひとつを個別にとれば、これらにそれほどの力はないようにもみえる。しかし社会的な視角から位置づけなおすと、これらは収益原理の枠をこえ、むしろそれに相反する運動や組織である。こんにちでこそ労働組合の弱体化が叫ばれてひさしいが、資本主義が発展するなかで未熟ながらも各国で勝ちとられた「標準労働日の制定」（労働時間短縮）や「最低賃金制度」の設立、近年着目されるＩＬＯの「ディーセント・ワーク」などをとっても、これらは資本を制御する対抗的運動の成果である。また、いわゆる労働分野だけでなく、社会福祉や、ひいては環境分野にいたるまで[17]、収益原理を社会的に制御する環境規制や社会保障制度の構築など、いまだきわめて不十分ながらも生まれてきた。

さらに看過してならないのは、資本主義は、それを否定する主体や組織だけでなくその物質的条件をも形成している点である。「生産諸力の物質的発展と世界市場の形成……をある程度まで――新たな生産様式の物質的土台として――つくりあげることは、資本主義的生産様式の歴史的任務である[18]」。こんにちの社会では、生産力の上昇は資本による剰余労働のさらなる吸収に向けられるが、その一方、それがもたらした巨大な生産力は、素材的にみれば、人びとの高度な社会生活を可能にし、さらには労働者の労働時間を短縮し自由時間を拡大する、つまり人間の個性の自由な発展を実現するための潜在的な条件でもある。

このように、新たな社会への主体や物質的諸条件は「空想」ではなく、眼前の社会のなかにこそ萌芽的にではあれたえず形成されつつあることがわかろう。したがって、経済成長社会からの転換へのこころみとは、利潤原理を統一的に制御し、新たな社会のモメントが現存社会のどこにあるのかを見分けて育成することにほかならないのである。

アソーシエイトした諸個人による資本の社会的制御

ではこうした新たな社会の契機をいっそう発展させるうえで、いったいなにが決定的なカギをにぎるのだろうか。気をつけたいのは、こうした新たな道は、国家や資本家(経営者)、あるいは有能な権力者がトップ・ダウンで自然と切り拓いてくれるわけではないということである。重要であるのは、資本を社会的に制御する起点は、どこまでいっても主体的に連帯する、すなわちアソーシエイトした人びとの行為にあり、かれらの実践にこそあるのだという点である。歴史をふり返るだけでも、不十分ながらこれまで実現した労働条件の改善や社会福祉の向上のいずれもが、企業の収益論理に一方的に服従するのではなく、逆にそれを自覚的に管理しようとする、かれらの意思の発現に起因をもっていたことからもわかろう。新たな制度や法的規制も、主体的に連帯した人びとの行為があってはじめて形成され効力をもつのであり、反対にかれらの対抗的運動が弱まれば、それだけ条件は後退する。近年の労働条件や社会福祉の劣化も、たんなる制度や政策の不備の問題ではなく、根本的にはアソーシエイトした人びとの対抗的要請・行動の低迷にもとづいているのである。

そもそもいまの社会状態の存立基盤は、資本の指揮・監督のもと長時間労働や低賃金などもいとわず収益増大に従属することを、「当然」あるいは「仕方のないこと」だとして「賃労働」を行う労働者自身の行為にあるのだから、かれらが資本に服従するのではなく、逆にそれを制御し労働のあり方を変えようとしないかぎり、いつまでも資本による支配は再生産されざるをえないのだ。

　このように本質的には、アソーシエイトした諸個人の資本への対抗的実践こそが新たな社会に向けたカギをにぎるのである。さらにいうと、こうした見地はマルクスがはじめて明らかにしたものであった。マルクスといえば通説的には「共産主義」ないし「社会主義」を唱えたといわれるが、じっさいにはかれは、新たな社会システム、すなわちポスト資本主義をもっとも多くの場合「アソシエーション(association)」と呼んだ。ここでの肝要は、アソシエーションの主体は、「国家」や「国有・私有企業」、「党・官僚」などではなく、あくまで「アソーシエイトした諸個人」ないし「アソーシエイトした生産者たち」にあるという点にあった。マルクスは、資本や国家などの外的力によって人びとが受動的、強制的、無意識的に結合させせられるさいには「結合された(kombiniert, combined, combiné)」という形容詞を使うのにたいし、人びとが主体的、能動的、自覚的な関わりによって結びつき連帯するさいには「アソーシエイトした(assoziiert, associated, associé)」という語を用い、両者を区別した。つまり、アソシエーションとは本質的に、こうした「アソーシエイトした諸個人・生産者たち」が主体となり、かれらの直接に社会的なアソーシエイトした労働にもとづき形成される社会なのである(19)。

　マルクスは、こうしたアソシエーション社会につながる萌芽を現存の資本主義のなかから析出したのである。すでにみたように、われわれが生きているこんにちの資本主義のなかにも、新たな社会の主体や物質的諸条件が存在しており、それらの契機は後退をともないながらも、マルクスの時代にくらべ確実に成長している。しかしその一方、資本主義社会の矛盾もまた深化しており、なによりその生命線である経済成長・増収増益が困難な域にまでに到達している。なおもこの制限を突破すべくいっそう強力に「経済成長」がおし進められ、国民生活の劣化が進行している。こうした現実に立ち、いままさに求められるのは、あらゆる問題の「蛇口」に位置する資本の利潤原理を、どのようにして人びとがアソーシエイトし社会的に制御することで、労働と生活のあり方を変えていくか、この主軸を具体化してゆくことなのである。

おわりに

本章では、資本主義とは経済成長・利潤最大化を目的とした社会であるにもかかわらず、現在それが「行き詰まり」をむかえ、むしろその追求が国民生活のいっそうの疲弊をもたらす極限にまで達していることを明らかにした。そのうえで、ポスト資本主義、すなわちアソシエーションに向けた要素が現存の社会のどこに芽生えているのかを汲み取った。

ところで、現代社会が直面する問題の起点が資本主義、言いかえると経済成長社会そのものにあるにもかかわらず、この社会に批判的な論者でさえ、それを正面から問わないことがほとんどであった。よくても、経済成長と国民生活の向上との「両立」をどのようにはかるか、という問題設定にとどまっていた。まさにほとんどの人びとが経済成長の「幻想」にとらわれているといってよい。しかし、じっさいは逆に、もっとも人びとを苦しめているのは、長時間労働や低賃金、競争の強化、福祉削減などを迫る「経済成長・収益最大化」の進行ではないだろうか。収益原理への服従を余儀なくされた人びとは、生命さえ奪われるほどである。問われるべきは、これまでくり返し唱えられてきた「経済成長」という常套句の反復ではなく、そこからいかに脱却していくかなのである。そのためにこそ、人びとがアソーシエイトし、労働組合による労働時間の短縮や賃上げ要求、社会的な環境規制、あるいは非営利組織などのもろもろの実践をつうじ、資本を社会的にコントロールし、かれらのもとに労働と生活を取り戻してゆくことが変革への一歩として必要なのである。

（1）　Piketty (2013) 参照。
（2）　松尾（二〇一六）および松尾他（二〇一八）参照。
（3）　じじつ、例外的ではあるが、資本主義からの転換やその「終焉」を主題にする著作は増えつつある。Harvey (2014) や Mason (2015)、Streeck (2016) などを参照。
（4）　参考までに、日本の名目国内総生産（ＧＤＰ）は一九九七年度から二〇一七年度までに二・八％増加したが、逆に、名目賃金（現金給与総額）は同年の間に一七・二％も減少した。
（5）　本章では立ち入らないが、近年みられる「脱成長」や「定常経済」を唱える研究――Latouche (2004) やデイリー（二〇一四）など――もまた、「経済成長」から資本主義的性格をはぎ取りそれを超歴史的に経済規模の量的拡大と捉えている場合が多く――したがって「成長」に対し、J・S・ミルなどを援用しながら「定常」という量的関係を対置する記述も見受けられる――、かならずしも経済成長の核心が資本蓄積の拡大による剰余価値（利潤）の最大化にあることを的確につかみ取っていない。それゆえかれらは、「脱成長」とは本質的には、資本主義社会からの転換を目指すことだという点を明確に位置づけることができていない。
（6）　日本銀行ホームページ「展望レポート」および「総裁記者会見」（二〇一九年一月二三日）を参照。
（7）　現代日本の利潤率の傾向的低下の諸要因の分析と資本主義の成熟については、小西（二〇一四）を参照。
（8）　ただし、利潤率と利潤量および資本蓄積との関連、利潤率の低下とそれに反対に作用する諸要因については、より具体的に分析する必要がある。この点について詳しくは、小西（二〇一四）および堀内（二〇一五）を参照されたい。
(9) リフレ派にたいする批判は、宮田(二〇一五、二〇一六)を参照。
(10) *MEGA* II/4.2, S. 542.
(11) *MEGA* II/1.2, S. 622.
(12) Heinrich (2005)、Harvey (2013) などを参照。
(13) マルクスの利潤率の傾向的低下法則の詳細は、宮田(二〇一一、二〇一四)を参照。
(14) 久留間編(一九七九)および前畑(二〇一五)を参照。
(15) ただし、ハイマン・ミンスキーなどのポスト・ケインズ派や一部の「マルクス派」は「金融化」現象の起因を、金融手法や金融商品の多様化など金融部面の進展から説明する。こうした「金融化」論にたいする批判については、宮田(二〇一八a)を参照されたい。
(16) なお、賃金上昇によって経済成長が可能だという主張は、裏を返せば賃金が下落(消費力不足)するから不況(ないし恐慌)が生じるという過少消費説の論理を内包している。いわゆる「マルクス派」を含め、マルクスの学説を過少消費説として捉える俗説をたびたび目にするが、逆にそれをもっとも痛烈に批判したのがマルクスその人であったことには注意されたい。一部を引用しておこう。「恐慌は、支払能力のある消費または支払能力のある消費者の不足から生じるというのは、まったくの同義反復である……商品が売れないということは、商品のために支払能力のある買い手が、つまり消費者が見つからなかった……ということにほかならない。……労働者階級は、自分自身の生産物のあまりに小さな部分しか受け取っていないのだから、この分けまえがもっと大きくなり、したがって自身の賃金が高くなればこの害悪は取り除かれるのだ、といいこの同義反復にもっと深い根拠があるかのような外観を与えようとする[ものがいる]なら、それにたいしてはただこう言えばよい。いつでも恐慌を準備するのは、まさに賃金が一般的に上昇し、労働者階級が年間生産物のなかの消費にあてられる部分から受け取る分けまえが実際に大きくなる時期なのだ、と。……資本主義的生産は善意や悪意にはかかわりのない諸条件を含んでいて、これらの条件が労働者階級のそのように相対的繁栄をただ一時的にしか、しかもつねに恐慌の前ぶれとしか許さないのである」(*MEGA* II/11, S. 742)。

(17)　Klein (2014)は、環境問題の解決には、事実上の資本の制御および止揚が必要であることを、豊富な実例を用いて論じている。
(18)　*MEGA* II/4.2, S. 505.
(19)　マルクスのアソシエーション分析については、大谷(二〇一一)、宮田(二〇一八b)を参照。

参考文献

大谷禎之介(二〇一一)『マルクスのアソシエーション論』桜井書店
久留間健(二〇〇三)『資本主義は存続できるか』大月書店
久留間鮫造編(一九七九)『マルクス経済学レキシコン　第八巻』大月書店
小西一雄(二〇一四)『資本主義の成熟と転換』桜井書店
デイリー、ハーマン(二〇一四)『「定常経済」は可能だ!』(聞き手)枝廣淳子)岩波書店
堀内健一(二〇一五)『現代日本における銀行資本の蓄積』唯学書房
前畑憲子(二〇一五)「社会的使用価値の限度」について」丸山恵也他編『経済成長の幻想』創成社
松尾匡(二〇一六)『この経済政策が民主主義を救う』大月書店
松尾匡・北田暁大・ブレイディみかこ(二〇一八)『そろそろ左派は〈経済〉を語ろう』亜紀書房
宮田惟史(二〇一一)「一般的利潤率の傾向的低下法則と恐慌」『季刊　経済理論』第四八巻第一号
宮田惟史(二〇一四)「『資本論』第3部第3篇草稿の課題と意義」『季刊　経済理論』第五一巻第二号
宮田惟史(二〇一五)「アベノミクス「リフレ政策」をどう評価するか」『POSSE』第二八号
宮田惟史(二〇一六)「マルクスの貨幣数量説批判」『駒沢大学経済学論集』第四七巻第三号
宮田惟史(二〇一八a)「マルクス信用論と金融化」『立教経済学研究』第七一巻第三号
宮田惟史(二〇一八b)「マルクスとアソシエーション」『政經研究』第一一一号
Harvey, David 2013: *A Companion to Marx's Capital, volume 2*. Verso. (『〈資本論〉第2巻・第3巻入門』森田成也他訳、作品社、二〇一六年)

Harvey, David 2014: *Seventeen Contradictions and the End of Capitalism*. Profile Books.（『資本主義の終焉』大屋定晴他訳、作品社、二〇一七年）

Heinrich, Michael 2005: *Kritik der politischen Ökonomie: Eine Einführung*, dritte Auflage. Schmetterling-Verl.（『『資本論』の新しい読み方』明石英人他訳、堀之内出版、二〇一四年）

Klein, Naomi 2014: *This Changes Everything. Capitalism vs. The Climate*. Allen Lane.（『これがすべてを変える』幾島幸子他訳、岩波書店、二〇一七年）

Latouche, Serge 2004: *Survivre au développement : de la décolonisation de l'imaginaire économique à la construction d'une société alternative*. Mille et une nuits.（『経済成長なき社会発展は可能か?』中野佳裕訳、作品社、二〇一〇年）

Marx, Karl 1981（1857-1858）: *Karl Marx Ökonomische Manuskripte 1857-1858*, Text. Teil 2, *Marx-Engels-Gesamtausgabe*（*MEGA*）, II/1.2. Dietz Verlag.（『マルクス資本論草稿集②』資本論草稿集翻訳委員会訳、大月書店、一九九七年）

Marx, Karl 1992（1863-1867）: *Karl Marx Ökonomische Manuskripte 1863-1867*, Text. Teil 2, *Marx-Engels-Gesamtausgabe*（*MEGA*）, II/4.2. Dietz Verlag.

Marx, Karl 2008（1868-1881）: *Manuskripte zum zweiten Buch des „Kapitals" 1868 bis 1881*, *Marx-Engels-Gesamtausgabe*（*MEGA*）, II/11. Akademie Verlag.

Mason, Paul 2015: *PostCapitalism : A Guide to Our Future*. Allen Lane.（『ポストキャピタリズム』佐々とも訳、東洋経済新報社、二〇一七年）

Piketty, Thomas 2013: *Le capital au XXI*^{e} *siècle*. Seuil.（『21世紀の資本』山形浩生他訳、みすず書房、二〇一四年）

Streeck, Wolfgang 2016: *How Will Capitalism End?: Essays on a Falling System*. Verso.（『資本主義はどう終わるのか』村澤真保呂他訳、河出書房新社、二〇一七年）

7

福祉国家論の意義と限界

――七〇年代西独「国家導出論争」を手がかりにして――

佐々木隆治

1 「政策」で社会は変わるのか

少なくとも政治的な領域において、日本の左派が敗北に敗北を重ね、何の展望も見いだせないでいることは誰でも認めざるを得ないだろう。民主党政権がその成立後たちまち失速するとともにこのプロセスは始まり、三・一一以降、右傾化がいっそう加速している。安倍政権による「立憲主義」の侵害は、党派を超えた広範な人々の連帯を生み、「野党共闘」を実現させたが、自民党政権の優位は揺るがず、衆院では与党だけで憲法改正発議に必要な三分の二の議席を確保した。森友学園問題や加計学園問題など、かつてなら命取りになりかねないようなスキャンダルがあったにもかかわらず、状況を打開することはできなかったのである。

このような状況に業を煮やした左派陣営の一部からは、「立憲主義」や「憲法」だけに焦点を当てていてはダメだ、重要なのは人々の生活であり、そのための「政策」が必要なのだ、という主張が台頭してきている。このような議論の急先鋒が「マルクス経済学者」の松尾匡氏である。

たとえば、松尾氏は、『世界』二〇一六年一一月号に掲載された「なぜ日本の野党は勝てないのか？」という論文で、安倍政権が支持されているのは「経済が豊か」になったからだという鳥越俊太郎氏の発言を批判し、次のように述べている。「自民党に投票している多くの人々は、現状に満足しているわけでもないし、贅沢をのぞんでいるわけでもない。暮らしが苦しかったり不安だったりして、すがりついているのである」。「大学生や高校生は、就職できるかどうかが人生を決める一大事である。だから野党が勝ったせいで景気が悪くなるリスクがあるのは困る。何としても不況にならないようにしてもらいたくて自民党に入れるのである」。

松尾氏は以上の現状認識にもとづいて次のように結論する。「野党側が自民党の政策より、人々の苦しみや不安を取り除き、今よりも豊かになれるのだということがわかる政策を示す必要がある。貧困女子高校生バッシングをする者と同じ目線で景気拡大を望む大衆を見下していたならば、永久に自民党に勝てる日はこないだろう」。しかし、これまで「はっきりとした反緊縮」の立場をとってこなかった日本の左派が「欧州左派のように、緩和マネーを大胆に使って直接に民衆の暮らしの向上のために支出する政策を打ち出す」のであれば、「有権者の支持を自民党から奪って躍進することは容易だろう」。

以上のような松尾氏の議論にはいくつもの「突っ込みどころ」が存在する。松尾氏の経済政策論が依って立つところの「リフレ論」の理論的誤謬についてはすでに前章（宮田惟史）で触れられているので、ここでは繰り返さない。だが、それを問わないとしても、日本の左派は「景気拡大を望む大衆」を見下しているとか、はっきりとした反緊縮の立場にたっていないとかいう松尾氏の主張は典型的な藁人形論法であろう。むしろ、近年の左派は一貫して何らかの財政支出の拡大により「景気拡大」が可能であるという立場に立ち続けていたし、社会保障の水準の切り下げという「緊縮政策」にたいしても一貫して批判的であった。消費税の税率アップについても、それが消費を停滞させ、景気をいっそう低迷させるという、リフレ派とまったく同じ理由で反対の立場をとっている。また、金融緩和に反対する左派というのも存在しない。左派の多くが批判しているのは、金融緩和一般ではなく、長期国債やＥＴＦをも膨大に買い入れ、「マネー」を供給するという「異次元の金融緩和」であり、また、そのような「金融緩和」によって「景気回復」するという主張なのである。

実際、日銀は、ＦＲＢや欧州の中央銀行ではかつて実行されたことのない、まさに「異次元」の介入を継続し続けているにもかかわらず、日本経済は一貫して低迷を続けている。実現できたのは、株高・円安による大企業の収益の増大だけである。[1] 左派の批判が正しく、「リフレ論」が間違っていたことは現実が証明している。松尾氏が強調する就職や雇用の「改善」も、大部分、人口構造の変化と生産年齢人口の減少に依存するものであり、「異次元の金融緩和」の成果だとは到底言うことができない。むしろ、そのような変化にもかかわらず、実質賃金の低下に示されているように、雇用の質は劣化を続けており、資本の価値増殖の大きな部分が低賃金労働、すなわちワーキングプアに依存していることが明白になりつつある。松尾氏の事実誤認や藁人形論法は、むしろ安倍政権の経済政策やその現実的効果を美化する役割すら果たしているように思われる。

しかし、こういった諸々の事実誤認や藁人形論法がここでの問題なのではない。ここで注目したいのは、「政策」によって「有権者の支持を自民党から奪って躍進することが容易」だという松尾氏の政策至上主義的な考え方である。つまり、これまでの左派の敗北を「政策」の誤りに還元し、新たな、正しい「政策」さえ打ち出せば、この局面を「容易に」打開できるとする主張である。

同じようなタイプの議論に、近年、意外な広がりを見せている「ベーシックインカム」がある。資力調査なしの基本所得の現金給付がその定義であるが、この「ベーシックインカム」によって劇的に社会を変革することができるという主張がさまざまな人々によってなされている。もちろん、

「ベーシックインカム」じたいは二〇年以上も前から専門家たちのあいだである種の思考実験として盛んに議論されていたし、欧米ではフェミニズムなどの新しい社会運動のスローガンにもなってきた。しかし、日本における「ベーシックインカム」論の特殊性は、松尾氏の金融緩和論のように、左派が「ベーシックインカム」を万能の解決策だとみなしているところにある。

言うまでもなく、資本主義社会において「ベーシックインカム」が万能薬になることなどありえない。このことを理解するのに、難しい社会科学的考察は必要ない。『資本論』にも登場するスピーナムランド法の事例だけをみても明らかであるが、資本の力が圧倒的に優位であるような社会関係においては「ベーシックインカム」は賃金切り下げ圧力になりうるし、社会保障水準の切り下げ圧力にもなりうる。新自由主義者たちの一部が「ベーシックインカム」に賛同する所以である。もちろん、「ベーシックインカム」には普遍的給付という肯定的契機が含まれているが、資本と賃労働の力関係とまったく無関係に肯定的役割を果たすことはできない。(2)

とはいえ、「ベーシックインカム」論や「リフレ」論の戯画的性格だけに目を奪われてはならないだろう。というのも、それらの議論は、「政策」や「制度」を基軸にして社会問題を抜本的に解決することが可能だという、広く普及した発想を土壌にして生まれてきているからである。日本の左派の社会変革戦略においては、専門家や政党がなんらかの優れた「政策」を提案し、それによって多数派の支持を獲得し、議会で多数を占め、政治権力を掌握し、なんらかのより良い「制度」を実現するという道筋が暗黙の了解となっている。このような傾向は、近年の「反安倍」をスローガンに掲げる運動のなかで「野党共闘」と「立憲主義」が声高に叫ばれるにつれ、よりいっそう強まっていると言ってよい。しかし、現実の社会変革運動の歴史において見いだされるのは、このような道筋によって社会を変革することの困難である。

最も手近な例を挙げれば、かつての民主党は新自由主義の害悪が露わになるなかで「国民の生活が第一」というスローガンによってヘゲモニーを形成することに成功し、政権を奪取することができた。ところが、政権成立後、「マニフェスト」の実現は隘路に陥り、そのほとんどが実現されずに終わったのである。このことは、たんに「政策」を掲げ、選挙において人々の「支持」を集めるだけでは、社会変革が困難であることを端的に示している。

本書において肯定的に扱われている「福祉国家」戦略にとっても、この問題は無縁ではない。「福祉国家」を社会変革の戦略として位置づけるということは、おのずから、現在の日本社会が「福祉国家」ではない、という重要な認識を含んでいる。たとえば、福祉国家構想研究会は、大月書店から刊行されている「新福祉国家構想」シリーズの「シリーズ刊行にあたって」において次のような認識を示している。

ヨーロッパ福祉国家では、新自由主義改革はグローバル企業の蓄積の増大、競争力強化をねらって福祉国家を成り立たせる二本柱、すなわち産業別労働運動による労働市場規制と、社会保障の制度に攻撃をしかけたが、ほかでもなく、これら二本柱の頑強な抵抗にあってジグザグを余儀なくされた。それに対し、戦後日本国家は、この二本柱がもともと致命的に脆弱であり、企業支配と日本型雇用、「土建国家」すなわち自民党政権の開発型政治による地方への補助金と公共事業への資金撒布を通じて国民統合をはかってきた。……ところが、構造改革は企業のリストラにより日本型雇用を縮小・改変し、さらに大企業負担の軽減のため地方に対する公共事業を容赦なく削減した。その結果、社会保障需要は大きくなったが、政府はまたしても大企業負担軽減のため、ただでさえ脆弱な社会保障制度についても本格的な削減に乗り出したから、社会の破綻は劇的なものとなった（二宮・福祉国家構想研編二〇一一、iii―iv頁）。

ヨーロッパの福祉国家は産業別労働運動による労働市場規制と社会保障制度を二本柱にしており、それゆえに新自由主義にたいしても頑強な抵抗力を持った。それにたいして、日本では、この二本柱をそれぞれ日本型雇用と「土建国家」すなわち開発主義が代替し、社会統合を成り立たせていたために、新自由主義にたいして脆弱な抵抗力しかもたず、それによる社会の破綻は劇的なものとなった。このような社会分析は非常に説得的なものであり、筆者も基本的に同様の見解を共有している。

にもかかわらず、先ほど提起した問題と照らし合わせるならば、上記のような福祉国家構想研究会の分析は一つの叙述上の欠点を含んでいる。それは福祉国家と開発主義国家を対比させることにより、両者の制度的差異のみが重要であるかのような印象を読み手に与えてしまうことである。すなわち、そのような制度のあり方を規定している資本蓄積の運動、さらには資本蓄積に対抗し、それを規制する労働運動および社会運動の力量という問題が視界から抜け落ち、あたかも制度だけがその社会の有り様を規定しているかのような外観を与えてしまうのである。たしかに上記の分析には「産業別労働運動による市場規制」という決定的に重要な契機にたいする言及はあるが、後のより具体的な記述においては制度による市場規制あるいは雇用保障が焦点となる。こうして、ここには資本主義分析にもとづいた福祉国家形成の担い手にたいする深い洞察があるにもかかわらず[3]、そのもっとも重要な基礎的認識が見えづらくなってしまうのである。もしこの洞察を失ってしまうのであれば、福祉国家構想はたんなる制度論に還元されてしまい、どれほど精緻な政策体系を構築しようとも、本質的には「政策」や「制度」を基軸にして社会を変えようとするという意味で、「リフレ」論や「ベーシックインカム」論と同根の制度主義ないし政治主義に陥ることは避けられない。

したがって、ここにはこれまでの典型的な「福祉国家」批判とは異なる問題が存在する。すなわち、かつての伝統的「マルクス主義者」のように、たんに福祉国家を資本主義の補完物とみなして満足するのでもなく、あるいは、ハーバーマスやフーコー主義者[4]、あるいはポストモダン・マルクス主義者のように、福祉国家を生活世界の植民地化や規律的体制の深化として否定するのでもなく[5]、福祉国家論に内在する制度主義や政治主義をいかに批判的に把握し、福祉国家の意義と限界をどのように位置づけるかという問題である。

じつは、少数ながらこの問題に取り組んだ優れた先駆者たちがいる。日本ではほとんど紹介されていないが、七〇年代におもに西ドイツを舞台におこなわれたいわゆる「国家導出論争」に参加したマルクス研究者たちである。そこで、この論争の問題構成を見定めるところから、考察を始めることにしよう。

2 「国家導出論争」の問題構成

一九七〇年代のヨーロッパ、とりわけ西ドイツにおいて活発に展開された「国家導出論争」は、日本においては現在に至るまでほとんど受容されておらず、若干の外形的な紹介がなされているだけである。しかし、マルクシアン的国家研究の水準を引き上げたという意味で、その理論的意義は決定的だと言わなければならない。まず、論争のテーマから見ていこう。

マルクスは自らの経済学批判体系のなかに国家研究を位置づけていたが、じっさいにはこの国家研究に本格的に取り組むことはできなかった。そのため、いわゆる「マルクス主義国家論」として人口に膾炙したのはマルクスの盟友であったエンゲルスの国家論であった。エンゲルスが『反デューリング論』や『家族・私有財産・国家の起源』で展開した「国家＝階級支配のための道具」論、すなわち、国家は超階級的な中立的外観をもっているが、その本質は支配階級であるブルジョアジーが自らの支配を維持するための道具である、というテーゼが「マルクス主義」の教義となったのである。このような「国家＝階級支配のための道具」論を前提とするかぎり、プロレタリアートの任務は、ブルジョアジーから国家を奪還し、それを社会主義建設のために役立てる、ということになるだろう。

しかし、第二次大戦後、先進資本主義国において、高成長を背景としたフォーディズム的蓄積体制、ケインズ主義的経済政策、さらには福祉国家的諸制度をつうじて安定的な大衆社会統合が成立し、「階級妥協」が制度化されると、このような単純な国家理解は影響力を失っていく。たとえば、プーランザスは、ミリバンドの道具主義的国家論を批判し[6]、「国家＝階級的力関係の凝縮」論を提起した。この議論は、グラムシのヘゲモニー論や国家の相対的自律性を強調したアルチュセールの「重層的決定」論などを理論的背景としながら、マルクス主義国家論をより洗練させ、制度と社会的行為の絡み合いとして資本主義国家を把握するものであった。この文脈で構造主義哲学を用いた複雑な議論がさまざまに展開されたが、要するに、このような国家論の発展は、階級支配の道具というだけでは理解できない、政治的領域の「相対的自律性」の意義、端的にいえば、その社会統合機能をめぐるものであった。すなわち、いかにして資本による労働者の支配が政治的領域を媒介して正当性と安定性を獲得するのか、という問題をめぐっていたのである。このような問題構成は日本でもよく知られているところであろう。

ところが、「国家導出論争」において提起されたのは、ミリバンドやプーランザスとは全く異なる問題構成であった。それは、端的に言えば、国家が資本の引き起こす諸矛盾を解決する能力の限界、さらには国家によって資本主義的生産様式を変革する能力の限界をめぐるものであった。すなわち、以前の論争が国家の行動が資本の階級的利益から直接発生するものなのか、あるいは、そうではなく、より複雑な要素の絡み合いによって、すなわち経済から相対的に自律的な諸要素によって規定されるものなのかをめぐっていたのにたいし、「国家導出論争」では、国家が資本蓄積の運動を調整し、規制する能力とその限界、さらにいえば、国家によって社会主義への転換を進める可能性とその限界が問題になったのである。

このような議論の背景には、一方ではSPD（社会民主党）が六六年に連立政権に参加するなど、政権において左派の影響力が強まり、「社会国家」が成立していったこと、他方で六〇年代末以降、資本蓄積が危機に陥ったことがある。(7) このような文脈で、国家の危機管理能力、社会改良能力がどれほどのものかが実践的に重要な問題となり、旧来のマルクス主義国家論の不十分さが露呈したのである。「国家導出論争」の口火を切ったミュラー＝ノイジスは問題を次のように定式化している。

この批判を深刻に受け止めるならば、近代国家のさまざまな機能……およびその具体的な限界と矛盾の展開にたいする批判に行き着くほかない。というのも、国家制度を支配階級が操作する道具として説明し、批判するだけでは、この操作の限界を発見することはできないからである。これを明らかにすることができるのは、次のことを詳細に説明する分析に限られる。すなわち、労働過程および価値増殖過程としての資本主義的生産過程の矛盾から、どのようにして国家介入の必要性と限界が生じるのかに関する説明である（Müller and Neusüß 1970: 33）。

そして、一旦このように問題を立てたのであれば、ただちに問題になるのは資本主義的生産様式そのものの理解である。資本そのものの力の性質、あるいはその源泉を知らなければ、あるいは資本蓄積の運動の論理を知らなければ、資本を規制する国家の能力についても考えようがないからである。この点で、「国家導出論争」においては、ミリバンドやプーランザスの議論とは異なり、資本主義的生産様式そのものの理解が鋭く問われたのである。たしかに、彼らも階級的利害や階級的グループには言及したが、「政治・イデオロギー」的危機の観点からの考察に重点が置かれたため、資本蓄積の運動やその矛盾については本格的な分析がなされなかった。

「国家導出論争」の資本主義理解を把握するうえで重要なのは、『資本論』及び関連草稿に登場する「経済的形態規定」という概念である。この「形態規定」を重視する解釈は、二〇年代ロシアにおける先駆的な議論（ルービンやパシュカーニスなど）を継承するロスドルスキーやフランクフルト学派、とりわけアドルノのマルクス解釈[8]に触発された「新しいマルクスの読み方」潮流などによって、ちょうどこの頃、西ドイツにおいて確立されつつあった。この「形態規定」を重視する『資本論』解釈も、「国家導出論争」と同じように、日本ではほとんど受容されてこなかったため、若干の説明が必要であろう[9]。

マルクスが『資本論』第一巻の冒頭で指摘するように、資本主義社会においては財の大部分は「商品」として現れる。ここでは、財はたんに人々の欲望を満たすことができる有用性（使用価値）を持っているというだけではない。あるいは、たんに交換の対象となっているというだけでもない[10]。ここでは財は、人々がそれぞれの私的利益にもとづいてできるだけ安く買い、できるだけ高く売る対象、すなわち値踏みをする対象として扱われている（「価値」＝交換力を持つものとして扱われている）。すなわち、財は、値踏みの対象である（価値をもつ）という特殊な形態をもっている。資本主義システムにおいて財がとるこの形態こそが、「商品形態」という経済的形態規定にほかならない。

このような経済的形態規定は、人間が経済活動をつうじて生み出すものでありながら、人間の活動のあり方を規制し、制御する。財が商品形態をとる資本主義システムの内部では、何をどれだけ生産し、誰にどれだけ分配するかという生産活動の社会的編成を、人間たちの側の論理によって、例えば伝統（身分や世襲）や社会的意志決定（独裁者によるものであれ、民主的な意志決定にもとづくものであれ）によって遂行することはできない。というのも、そこでは、人々はバラバラの私的個人として個々の私的利害のために、生産活動を行うからである。それゆえ、資本主義システムでは、生産活動の社会的編成は、自分たちの生産した商品が売れるのか、あるいはいくらで売れるのかといったことをつうじて、すなわち、商品形態をつうじて調整され、制御されることになる。端的に言えば、私的生産者からなる社会では、人間たちが生産の編成と生産物の分配を直接に実現することができず、それを商品形態に依存して行わなければならないのである(11)。

このように、資本主義システムにおいては、人間たちが自らの行為をつうじて生み出した経済的形態規定が人間たちの行為や意識を枠付け、規定する力を持つ。このことはもちろん、商品に限らず、貨幣、資本といった経済的形態規定にも妥当する。国家導出論争の参加者の一人であったヨアヒム・ヒルシュが言うように、「社会的形態は社会的行為との関連において、諸個人が従う一般的で構造的な知覚と振る舞いの方向性を規定する」のである（ヒルシュ二〇〇七、二九頁）。この形態規定は、あくまでも諸個人の振る舞いによって形成される社会的力であるが、そのような振る舞いを継続しているかぎり、現実に私たちの実践に大きな影響を与え続ける。それゆえ、私たちは、このような形態規定という概念によって、自分たちを規制し、制御し、支配する社会的な力を、外在的に、あるいは静的に把握するのではなく、自分たち自身の行為によって絶えず再生産される力として、内在的かつ動的に把握することが可能になるのである(12)。

「国家導出論争」はまさにこの形態規定を政治的領域、あるいは国家の分析に拡張しようとする試みに他ならない。ホロウェイ＝ピチェットは次のように述べている。

それゆえ、マルクスは、経済的形態の批判において、単に相次いで形態を分析しただけではない。すなわち、彼は、価値という基本形態と、価値の源泉でありながら価値によって表現される社会関係から出発して、社会関係からその他の形態を「導出」したのである。マルクスにとって形態の分析は、形態の（歴史的および論理的）起源と発展を分析することにほかならない。……政治的なものの研究は、ある自律的な「政治学」を発展させる試みであってはならず、政治的カテゴリーを社会関係の形態として解読しようとする政治学批判であるべきなのだ。研究対象はブルジョア社会なのであって、これらの政治的形態によって隠蔽され、それらの形態を生み出す社会関係は、本質的にはマルクスが経済学批判で暴露した社会関係、すなわち資本主義的生産様式の社会関係であろう（Holloway and Picciotto 1978: 17）。

じつは、このようなアプローチは、すでにロシアのマルクス主義法学者、エフゲニー・パシュカーニスによって採用されていた。パシュカーニスの次の問いは決定的である。

なぜ階級の支配は、それ自体、すなわち住民の一部分の他の部分への事実上の従属に終わらないで、公式の国家的な支配という形態をとるのか。あるいは前の問いとおなじことだが、なぜ国家的な強制の機構は、支配階級の私的な機構としてつくられず、それから切り離され、公的権力という、非個人的な、社会から離れた機構の形態をとるのか（パシュカーニス一九五八、一四六―一四七頁）。

もちろん、この問い対する答えとしては、もはや「資本主義的関係のもとでは、直接的な政治的力は、経済的搾取の維持のために必要とされない。国家が社会の上にそびえ立つ力として、社会の成員が私的所有者としてふるまうということを保証すれば、それで十分である」（ハインリッヒ二〇一四、二五四頁）というような機能主義的な回答では十分ではない。(13)というのも、ここでは、国家の機能の仕方ではなく、「なぜ」そのような国家「形態」をとるのかが問われているからである。すなわち、前近代社会において共同的な人間生活の一契機をなしていた政治的領域がいかにして自立化し、近代国家という「形態」をとるに至り、また、それがなぜ日々再生産されているのかが、まさしく人間の社会生活の特殊な様式から説明されなければならない。これこそが、「国家導出論争」の参加者たちが自分たちの国家論を「唯物論的国家論」と呼んだ所以なのである。

3　「唯物論的国家論」と「ラディカルな改良主義」

「国家導出論争」は、パシュカーニスが提出した問いにたいする明確な答えを与えることはできなかった。しかし、その参加者の一人であるヨアヒム・ヒルシュが後に構築した「唯物論的国家論」は私たちが考察の出発点とするには十分である。

この問い〔前出のパシュカーニスの問い〕への答えは資本主義的社会編成化様式の特殊性に見いだされる。この社会編成化様式は、すなわち生産手段からの直接的生産者（労働者）の分離、私的生産、賃労働、ならびに商品交換は、経済的な支配階級による剰余価値の取得があからさまな暴力の使用によって行われるのではなく、むしろ労働力商品の交換をふくむ外見的には平等な商品交換をつうじて行われることを含意している。資本主義社会は搾取のこうした仕方と様式によって、たとえば古代奴隷制社会や封建制といった他の社会から根本的に区別される。……経済的な支配階級が剝き出しの暴力手段のあからさまな使用を彼ら自身の内部でも賃金生活者にたいしても放棄せざるをえず、したがって競争的な闘争に武器をもって決着をつけるのではなく、労働力も強制によっては調達されないような場合にのみ、市場での円滑な商品交換が、競争が、そして自分の労働力を売るという賃金生活者の形式的な自由が保証される。これらの前提条件のもとでのみ、資本主義社会は存続し、発展することができる。……したがって、物理的な強制暴力がすべての社会的階級から切り離された、しかも経済的な支配階級からさえ切り離された暴力である場合にのみ、すなわちまさしく国家という形状をまとう場合にのみ、資本主義的な諸関係は十全な発展を見ることができる（ヒルシュ二〇〇七、一〇―一一頁）。

ここでヒルシュが述べているのは、たんに資本主義社会の国家が私的所有を保証するという役割を果たしているという機能論ではない。むしろ、そのような国家の機能様式、あるいはその形状が、資本主義的生産様式によって必要とされ、再生産されているということにほかならない。つまり、資本主義社会においては、国家が外的な公的権力という形態をとればとるほど、資本の力は強力になるのであり、また逆に、資本の力が強大になればなるほど、国家はますますそのような公的権力という形態をとって再生産されていくのである。このような意味で、「資本主義のもとでの社会的な連関がそこにおいて対象化されている二つの基本的な社会的形態は、貨幣において表現される価値形態と、社会から分離した国家の存在において表出される政治的形態である」(前掲、一二頁)。

ヒルシュは、このような近代国家の理解から、次のような重要な洞察を導き出している。

現に存在する社会の国家は、したがって、構造的な理由からして資本主義国家なのであって、資本の直接的な影響力に服しているという理由だけで資本主義国家であるのではない。……すなわち、国家は「経済」の外にたつ中立的な道具ではなく、むしろ資本主義的生産関係の構成要素として、この生産関係と直に結びついている。だから、国家をつかってこの生産関係の核心部分を変革することは不可能である(前掲、一四頁)。

資本主義に内在する諸矛盾は……直接的な価値増殖過程の外で展開されるような活動を必要不可欠にする。そうした活動は、資本主義における政治的な共同性を可能にするような仕方でのみ、つまりは国家を用いることによってのみ行われうる。したがって、「市場」と「国家」は対立しているのではなく、むしろ互いに不可分に関係し合っている。……国家は根本的には市場によって規制される資本主義的な価値増殖過程の円滑な進行が保証され続けることに依存している（前掲、一五―一六頁）。

資本主義的生産様式は、私的諸個人への分裂を前提しているがゆえに、自らの手によっては資本主義の矛盾を「調整」する一般的な制度的媒介を生み出すことができない。このような制度的媒介は、人々の習慣によってだけでなく、生産関係の上にそびえ立つ外的機構としての近代国家によって形成され、場合によっては法制化されることを必要とする。(14) また、そのように国家が自律的な政治的審級として現れるということが、同時に、国家の被制約性、介入能力の限界を理論的に表現している。というのも、資本の力は生産関係から生まれるものであり、国家はそれを媒介することしかできず、しかもその媒介を可能とする近代国家の力じたいが資本主義的生産様式の矛盾を媒介し、「価値増殖過程の円滑な進行」を保証することに依存しているからである。すでにみたように、近代国家という政治的形態は資本主義的生産関係における価値形態と不可分に結びついており、国家がそのような形態をとっているかぎり、貨幣に依存して自らの組織を編成し、政策を遂行せざるをえない。

これは、西欧の社会民主主義政権にとどまらず、政治権力による社会改革という変革戦略をとってきたあらゆる政治的左派が直面してきた問題である。古くは、ロシア革命直後のボリシェヴィキ、革命戦争勝利後の中国共産党、ベトナム共産党など、いわゆる「マルクス主義政党」(15)が、ソ連崩壊後には、ポーランドの「連帯」や南アのポスト・アパルトヘイト政権がこの困難に直面した[16]。近年でも、ギリシャで政権を掌握したシリザ（急進左派連合）がその公約に反して緊縮政策の受け入れを強制されたことは記憶に新しい[17]。

とはいえ、このことは社会変革の不可能性を意味するわけではない。あるいは、政治を媒介としたあらゆる制度的改良の否定を意味するわけでもない。ヒルシュは「ラディカルな改良主義」という社会変革戦略を提起している。

そこでは、改良主義という表現は、社会的変革が国家権力をとおしては貫徹されず、それはむしろ意識変革と行動変革の長期にわたる漸進的な過程であり、そうした過程をとおして社会的権力関係が徐々に変容し、それと同時に政治装置の形状も変化するという事実に関係している。そうした発展は根本的な社会関係に、すなわち現存する支配関係の根底に実際に手を触れるがゆえに「ラディカル」になるであろう。……そうした（革命的）行為は特殊な物質的目標を通してではなく、たんに要求のラディカルさをとおしてでもなく、むしろそれが資本主義の社会的形態に意識的に対抗し、この形態を打破するという点によって特徴付けられる（前掲、二四五—二四六頁）。

すなわち、ここでいう「ラディカル」さとは、政治権力を奪取して急進的に変革を実行しようとすることではなく、資本の力を生み出すような生産関係そのものを根本から変革することを試みるという意味での「ラディカル」さなのである。そして、このような資本主義的生産関係を変化させるには、私たちが日々の行為をつうじて遂行している労働様式ないし生産様式そのものを変革するほかない。それは資本主義的生産様式によって制約されている国家の力によって成し遂げることはできない。「意識変革と行動変革の長期にわたる漸進的な過程」をつうじて、社会的権力関係を徐々に変容し、「それと同時に政治装置の形状も変化」させる以外にはないのである。このようなプロセスにおいて、労働運動や社会運動による諸々の改良闘争も重要な意義をもつ。たとえば、ヒルシュは、価値形態および政治形態を抑制していくような改良的方策として、社会的コミュニティの統制のもとでの社会的基礎サーヴィスの公的保証や企業活動の規制などを挙げている[18]。このような制度改良は、脱商品化を促し、資本の力を抑制することによって、生産関係の変革のための主体と条件を形成するうえで大きな役割を果たすだろう。このように、福祉国家的な制度改良は、それが社会運動による社会的形態規定の抑制のプロセスの一部に位置づけられるのであれば、社会変革において積極的な意義をもちうるのである[19]。

4　資本主義の「終焉」と社会変革

現代日本において、もし冒頭にみた「福祉国家」を実現しようとするならば、きわめて大きな社会的力関係の変化が必要となるだろう。というのも、「新自由主義」と言われるような政策体系は、財界や官僚、政治家たちの恣意的な判断にもとづくものではなく、資本蓄積の現段階に規定されているからである。現在の先進資本主義国において、資本蓄積の円滑な進行と福祉国家を両立させるのはほぼ不可能であると言ってよい。前章で詳論されているように、利潤率の傾向的低下と市場の成熟によって、現在の資本蓄積はたんなる産業循環的な制限ではなく、歴史的な制限にぶつかりつつあるからだ。いまや、新自由主義的な緊縮政策によっても、ケインジアン左派の再分配論や財政出動論や「ルールある資本主義」によっても、資本蓄積の停滞を打破することはできない。新自由主義はたしかに剰余価値率(搾取率)を上げることによって、利潤率を一時的に回復させることができるが、それによって市場の成熟を克服することはできない。逆に、消費性向が高い賃労働者の可処分所得を収縮させることによって消費を停滞させてしまうだろう。これにたいして、ケインジアン左派の再分配や財政出動はたしかに消費を拡大することができるが、その効果は市場が成熟した状況のもとでは限定的であり、むしろ再分配政策によって剰余価値率を低下させ、期待利潤率をいっそう下落させることにより、投資を停滞させてしまう[20]。もちろん、私たちにとって望ましいのは後者の立場だが、これによって資本蓄積の停滞を打破することはできない。資本蓄積と高賃金・高福祉の両立を可能とした「ケインズ主義的福祉国家」はもはや不可能なのである。

そうであるかぎり、このポスト資本主義状況においては、私たちは資本蓄積に依存しない経済社会の形成を構想せざるをえない。しかも、このとき重要なのは、このヴィジョンにおいては、資本蓄積に依存できないために、既存の近代国家の利用可能性が著しく狭いものになっているという事実である。かつての西欧型「福祉国家」でさえ、たんに政治的左翼の伸張と政権掌握に依拠するものではなく、社会運動の発展、とりわけ産業別労働運動の発展が決定的であり、これらの運動の力なしに資本の力を大幅に規制する福祉国家を実現することは不可能であった。現在、資本蓄積の停滞を前提にして新たな「福祉国家」を実現しようとするならば、さらに強力な労働運動、社会運動が必要となる。利潤の取得をその生命線とする資本が死に物狂いの闘争を繰り広げることは必至であり、しかも近代国家の力量は資本蓄積に依存している。そうであれば、ヒルシュも指摘するように、自由な諸個人による自由な結社をその原理とする、強力なアソシエーション運動によって価値形態と政治的形態の双方を抑制する長期的なプロセスを経るほかないであろう。

とはいえ、社会運動が長期にわたって低迷し続けている現代日本で生きる私たちにとっては、このような社会変革のヴィジョンはあまりに「現実味」がないように「見える」。とりわけ、「安倍政権を打倒しなければ何も始まらない」「安倍政権の打倒を何よりも優先すべきだ」などという発想が左派に蔓延しているだけに、なおさらそうであろう。しかし、このような臆見、あるいはその奥底にある諦念こそは、まさにこれまで見てきたような社会的「形態規定」が産出した効果だと言わなければならない。価値という経済的形態規定、近代国家という政治的形態規定があまりに強力であり、それに包摂されてしまっているために、「左派」でさえもその外部を真剣に想像し、展望する力を剝奪され、この近代社会システムの形態規定の内部でしか社会変革を構想することができなくなってしまっている。その結果が、「左派は、資本家階級の政治的代表者の代わりに「経済成長」(＝資本蓄積)を可能にするような「経済政策」を考案しなければならない」、「左派は、何よりも選挙運動に注力し、安倍政権の打倒に傾注しなければならない」[21]などといった言説なのである。まさにこれこそ、デヴィッド・グレーバーがいう「官僚制の最悪の要素と資本主義の最悪の要素との悪夢のごとき混合物」(グレーバー二〇一七)ではないだろうか。

しかも、近代社会システムの形態規定が産出しているのは、社会的構想力の萎縮と現状への諦念だけではない。ナオミ・クラインが指摘しているような、「代行主義」と「中庸主義」もまた生み出してきた(クライン二〇一七)。「左派は、既存のレジームの内部で運動すべきであり、極端な主張はすべきではない」、「左派は、一般参加者が過度な負担を負わぬよう、彼らを代理して闘うべきである」、といった観念は、明示的であれ、暗示的であれ、絶えず表出され続けている。近代的政治形態を不動の前提として運動を組み立てようとするならば、議会主義や裁判闘争主義が跋扈するのは必然であり、議員や弁護士、さらには大学教員やロビイストなどによる代行主義が蔓延するのは必然である。また、近代国家の政治形態を自らの基盤とする彼らが「中庸主義」に陥るのも理の当然であろう(22)。

だが、日本において近代社会システムの形態規定が強力だという事実は、社会変革の困難だけを意味するわけではない。本書でみてきたように、資本蓄積が困難に陥るなか、経済的形態規定と人間生活の軋轢が激化し、その矛盾は様々な領域で現れている。資本主義はそれがあまりに拡大し、浸透し、強力になったからこそ、危機に陥っているのである。だとするなら、現代日本の左派に必要とされているのは、グレーバーが言うような「想像力の解放」ではないだろうか。もちろん、これはほしいままに「ユートピア」を想像することではない。現実の資本主義的生産様式をありのままに捉え、そこに見いだされる矛盾と可能性を直視し(23)、近代社会システムを越える理論的射程をもつということにほかならない。じっさい、ヨーロッパでは「ポスト・キャピタリズム」はさまざまな形で構想され、発信されているし、カナダでも「リープ・マニフェスト」という現存の社会関係の抜本的変革を目指す動きが現れてきている。[24] かつて若きマルクスが人類史上初めて試みたように、資本主義を人類史の一つのプロセスとして位置づけ、大胆不敵に「ポスト・キャピタリズム」を展望すること。このような広大な理論的視座をもつ社会的アクティヴィストこそが、社会運動の低迷を打破するであろう。

（1）本書第6章（宮田惟史）でも指摘されているように、問題はそれにとどまらない。このような「異次元」の金融緩和は、他の先進資本主義国のケースに比して、出口戦略を困難にしており、大きな副作用をもたらす可能性が高い。詳細は小西（二〇一八）を参照。

（2）詳細は佐々木（二〇一二）及び佐々木（二〇一二）を参照。伊藤（二〇一二）も「ベーシック・インカム」が万能薬とはなりえないことを的確に指摘している。

（3）福祉国家制度の形成において労働運動が果たした役割については木下（二〇一九）を参照。

（4）ナンシー・フレイザーらの議論によってフーコーの規律権力論が「福祉国家」的な規律的体制を批判の対象とするものであるという理解が一般的になっているが、フーコー自身はそのような単純な議論は展開していない。この点については佐々木（二〇一六）を参照。

（5）デヴィット・ハーヴェイが指摘しているように（ハーヴェイ二〇〇七）、ポストモダン思想家の多くは一面的に福祉国家の規律的作用を重視し、それが国家管理の強化であることを強調したのだから、結果として新自由主義をイデオロギー的に助長する役割を果たしたと言えるかもしれない。とはいえ、ポストモダン・マルクス主義者の福祉国家批判には、後にみる「国家導出論争」に通底する、近代国家それじたいにたいするラディカルな批判が含まれていた。この点については、ネグリ＝ハート（二〇〇八）を参照。アントニオ・ネグリはこの著作において直接に「国家導出論争」を参照し、国家形態批判を展開している。

（6）もちろん、ミリバンドもまた国家の「相対的自律性」を強調し、支配階級と政治エリートの関係を政治社会学アプローチによって分析しており、その意味ではより洗練された道具主義であった(田口一九八二)。なお、いわゆる正統派「マルクス主義」によって展開された、資本と国家の融合を主張する国家独占資本主義論は、教条主義的なマルクス理解とレーニン主義的段階論にもとづいた粗野な道具主義として特徴付けることができる。

(7)　国家導出論争の理論的および歴史的背景の詳細については、隅田(二〇一八)を参照。

(8)　形態規定に関わるアドルノのマルクス解釈についてはアドルノ(二〇〇一)を参照。

(9)　より正確に言えば、久留間鮫造は世界に先駆けて、しかももっとも正確にマルクスの経済学批判における「形態規定」の意義を把握した。久留間がどれほど経済的形態規定を重視し、また、どれほど的確にその意義を捉えていたかは、久留間編『マルクス経済学レキシコン』の全篇から読み取ることができる。とりわけ第三巻「方法Ⅱ」においては、「経済的形態規定はマルクスにあっては何を意味しているか?」、「使用価値はどの程度まで経済学およびその形態諸規定の外部にとどまり、どの程度までそれらのなかにはいるか?」、「経済学者たちには、経済的形態規定の把握のための理論的感覚が欠如している」など、形態規定それじたいについての項目が立てられている。にもかかわらず、日本においてはこの久留間の解釈を狭義の経済学の外部に拡張することができなかった。これほど多くの「マルクス経済学者」がいながら、形態規定をめぐる独創的な議論、たとえば邦訳があるものを挙げれば、ハインリッヒ(二〇一四)、ホロウェイ(二〇〇九)、ポストン(二〇一二)、ヒルシュ(二〇〇七)などが展開している理論の豊かな実践的含意がほとんど注目されずにいる所以である。

(10)　たとえば、カール・ポランニーなどの経済人類学者が指摘するように、前近代社会における生産物の交換においては現在よりもはるかに伝統や慣習が重んじられており、近代社会の商品交換とはかなり違った性質をもっていた。

(11)　マルクスの商品論の詳細は、佐々木(二〇一八a)の第一章を参照されたい。

(12)　私見によれば、この経済的形態規定はマルクスの経済学批判の理論的独自性の根幹をなしている(佐々木二〇一七a)。このような形態規定という視座に立つことにより、なぜマルクスが生産様式から、あるいは労働の形態から社会的諸関係を把握しようとしたかも理解することができる(佐々木二〇一七b)。

(13)　ハインリッヒは経済的形態規定を重視しており、それゆえに近代国家が一定の政治形態をとらざるをえないこと、ゆえに、左派が国家を道具主義的に用いて社会変革をすることが可能ではないことを明確に主張している。にもかかわらず、ハインリッヒにおいては、政治形態が資本主義的生産関係をつうじていかに再生産されるかという視点が曖昧であり、その結果、社会国家の社会変革上の意義を全否定することになってしまう。

(14) 佐々木(二〇一八b)の補論1を参照。

(15) 政治的左派が権力獲得後に直面する困難については様々な立場から理論化されてきた。たとえば、エルネスト・マンデルは部分的な勝利を防衛するための体制内化に(マンデル一九七八)、イマニュエル・ウォーラーステインはインターステイトシステムへの封じ込めに(ウォーラーステイン一九九七)、原因を求める。とはいえ、根本的な問題は政治権力それじたいによっては資本主義的生産様式から脱却することができないということである。これについてはソ連型「社会主義」を国家資本主義として特徴付けたチャトパディヤイ(一九九九)も参照。

(16) ポーランドと南アの政権が直面した困難についての説得力のある描写としてクライン(二〇一一)を参照。いずれも債務の圧力のもとで経済援助を受けるために新自由主義的な改革を強制された。

(17) ギリシャの政治的左派の困難については廣瀬編(二〇一六)を参照。

(18) この点についてはエスピン＝アンデルセンらによる福祉国家の社会変革上の意義についての考察も参照。「商品形態をとる政治的要求は、国家にたいして何らかの目的を達成するために市場メカニズムを介して機能させ、市場メカニズムを強化させるような要求である。それにたいして、政治的要求の非商品形態は、国家にたいして市場の外部で機能し、あるいは直接市場機構に反するように促す」(Esping-Andersen *et al.* 1976: 199)。

(19) 福祉国家を規律的レジームとして批判的に把握してきたハート＝ネグリも教育、住宅、福祉サーヴィスなどへの要求を変革構想のなかに積極的に位置づけるようになってきている。ネグリ＝ハート(二〇一二)およびHardt and Negri (2017)を参照。

(20) TSSIと言われるマルクス経済学の新潮流もケインジアンと緊縮派を両面批判している。詳細はCarchedi and Roberts (2013)を参照。なお、「グリーンニューディール」の可能性と限界については別稿で論じる予定である。

(21) 左派の「リベラル化」＝右傾化が著しい日本においては、ポストモダン・マルクス主義者やエレン・メイクシンス・ウッドが精力的に展開した代議制民主主義批判、立憲主義批判はほとんど顧みられることはない（ネグリ＝ハート二〇〇八、ウッド一九九九、Wood 2008）。

(22)　ラクラウ＝ムフ流のヘゲモニー戦略によって議席の獲得と拡大に成功したスペインのポデモスが陥った体制内化については廣瀬編（二〇一六）を参照。このことは国家に働きかける側の社会運動にとっても無縁ではなく、ヨーロッパにおいては労働組合の「国家化」がたびたび指摘されてきた（Panitch 1981）。

(23)　本章では、近年の生産力の発展によってもたらされている新たな「可能性」については触れなかった。この点については別稿で論じる予定であるが、さしあたり Hardt and Negri（2017）を参照。

(24)　「リープ・マニフェスト」運動に大きな役割を果たしたナオミ・クラインは、社会運動を最小公倍数的に拡大するために要求を「NO」（たとえば「反ブッシュ」や「反トランプ」）に切り縮め、現存の社会関係の根本的変革を目標とする積極的な「YES」の構想を打ち出そうとしない社会運動の保守的傾向を批判している。クライン（二〇一八）を参照。

参考文献

アドルノ、テオドール（二〇〇一）『社会学講義』川原理他訳、作品社

伊藤誠（二〇一二）「ベーシックインカム構想とマルクス経済学」『季刊 経済理論』第四九巻第二号

ウォーラーステイン、イマニュエル（一九九七）『新版 史的システムとしての資本主義』川北稔訳、岩波書店

ウッド、エレン・メイクシンス（一九九九）『民主主義対資本主義』石堂清倫監訳、論創社

木下武男（二〇一九）『労働組合の歴史と理論』近刊予定

クライン、ナオミ（二〇一一）『ショック・ドクトリン』幾島幸子他訳、岩波書店

クライン、ナオミ（二〇一七）『これがすべてを変える』幾島幸子他訳、岩波書店

クライン、ナオミ（二〇一八）『NOでは足りない』幾島幸子他訳、岩波書店

グレーバー、デヴィッド（二〇一七）『官僚制のユートピア』酒井隆史訳、以文社

小西一雄（二〇一八）「日本経済の時限爆弾——異次元金融緩和政策の後遺症」『季論21』第四〇号

佐々木隆治(二〇一二)「物象化と権力、そして正当性――市場・貨幣・ベーシックインカムをめぐって」萱野稔人他編著『ベーシックインカムは究極の社会保障か』堀之内出版
佐々木隆治(二〇一六)「新自由主義をいかに批判すべきか――フーコーの統治性論をめぐって」平子友長他編『危機に対峙する思考』梓出版社
佐々木隆治(二〇一七ａ)「サミュエルソンの罠――現代「マルクス経済学」批判序説」『現代思想』第四五巻第一一号
佐々木隆治(二〇一七ｂ)「『資本論』と「労働を基礎とする社会把握」」『季刊　経済理論』第五三巻第四号
佐々木隆治(二〇一八ａ)『マルクス　資本論』角川選書
佐々木隆治(二〇一八ｂ)『増補改訂版　マルクスの物象化論』社会評論社
佐々木隆治(二〇一九)「ベーシックインカムと資本主義システム」佐々木隆治・志賀信夫編『ベーシックインカムを問い直す』法律文化社(近刊予定)
隅田聡一郎(二〇一八)「資本主義の政治的形態――マルクスの唯物論的国家論」博士論文、一橋大学
田口富久治(一九八二)『現代資本主義国家』御茶の水書房
チャトパディヤイ、パレッシュ(一九九九)『ソ連国家資本主義論』大谷禎之介他訳、大月書店
二宮厚美・福祉国家構想研究会編(二〇一一)『誰でも安心できる医療保障へ』大月書店
ネグリ、アントニオ／マイケル・ハート(二〇〇八)『ディオニュソスの労働――国家形態批判』長原豊他訳、人文書院
ネグリ、アントニオ／マイケル・ハート(二〇一二)『コモンウェルス』水嶋一憲監訳、ＮＨＫブックス
ハーヴェイ、デヴィッド(二〇〇七)『新自由主義』渡辺治監訳、作品社
ハインリッヒ、ミヒャエル(二〇一四)『『資本論』の新しい読み方』明石英人他訳、堀之内出版
パシュカーニス、エフゲニー(一九五八)『法の一般理論とマルクス主義』稲子恒夫訳、日本評論新社
ヒルシュ、ヨアヒム(二〇〇七)『国家・グローバル化・帝国主義』表弘一郎他訳、ミネルヴァ書房
廣瀬純編著(二〇一六)『資本の専制、奴隷の叛逆』航思社

ポストン、モイシェ（二〇一二）『時間・労働・支配』白井聡他監訳、筑摩書房
ホロウェイ、ジョン（二〇〇九）『権力を取らずに世界を変える』大窪一志他訳、同時代社
松尾匡（二〇一六）「なぜ日本の野党は勝てないのか？」『世界』第八八八号
マンデル、エルネスト（一九七八）『官僚論・疎外論』永井正訳、柘植書房
Carchedi, Guglielmo and Michael Roberts 2013: "The Long Roots of the Present Crisis: Keynesians, Austerians, and Marx's Law". *World Review of Political Economy* 4(1).
Esping-Andersen, Gøsta, Roger Friedland and Eric Olin Wright 1976: "Modes of Class Struggle and the Capitalist State". *Kapitalistate* 4(5).
Hardt, Michael and Antonio Negri 2017: *Assembly*. Oxford University Press.
Holloway, John and Sol Picciotto (eds.) 1978: *State and Capital: A Marxist Debate*. Edward Arnold (Publishers) Ltd.
Müller, Wolfgang and Christel Neusüß 1970: „Die Sozialstaatillusion und der Widerspruch von Lohnarbeit und Kapital". *SOPO* 6(7).
Panitch, Leo 1981: "Trade Unions and the Capitalist State". *New Left Review* 125.
Wood, Ellen Meiksins 2008: *Citizens to Lords: A Social History of Western Political Thought from Antiquity to the Late Middle Ages*. Verso.

おわりに

今野晴貴・藤田孝典

我々が自分の持つ恐れから自らを解放するとき、我々の存在は、
同時に他の人々をも解放することができるのである。

——ネルソン・マンデラ

日本では日比谷公園年越し派遣村など、反貧困運動が盛り上がった時代が一〇年ほど前にあった。当事者と労働組合、社会活動家や法律家などが手を組み、具体的な要求行動をおこなうダイナミックな運動だった。特に、人々の暮らしにくさは資本や社会構造に起因するものだと断定して真正面から取り組む意義あるものだった。

しかし、現在はその運動を牽引してきた活動家たちは何をしているだろうか。資本や社会構造を問い直し、当事者と要求する活動はほとんど見受けられない。それだけでなく対決や闘争を回避するように促す傾向すらある。

共助の必要性を語り、政治利用とともに子ども食堂を推進することに終始したり、政治領域から選挙運動のみを通じて社会を変えるように標榜したり、リフレ政策やベーシックインカムの議論に

終始し、あたかも闘わずに社会が改良され得るかのように喧伝するなど、個々の権利闘争を擁護する社会運動の現場に背を向けている人ばかりである。それればかりか、わずかな権利主張の芽にさえも、「ファクトチェックができているのか？」、「政策的な解決策が用意できるのか？」、「労働者や学生が声を上げてもひどい目にあうよ」とたたみかける光景さえも見られる。

このようなことで社会は一向に変わっていない。一〇年間の社会運動の停滞はむしろ、貧困を拡大させ、実質賃金の低下を招き、人々を苦しみのどん底に追いやり続けている。

歴史を振り返ってみれば、人類は団結して連帯し、声を上げながら抵抗するなかで、住みやすい環境や制度を確立し、差別や抑圧からの解放を求めてきた。

本書を執筆中にも、フランスではいわゆる「黄色いベスト運動」など、労働者による賃上げや再分配を求めるアクションが大規模デモに発展し、継続的に異議申し立てがおこなわれている。一部は過激な暴動に発展しているが、まさに命がけの闘いのなかで、ともに苦しむ仲間と連帯し、要求行動をすることで政治や社会が無視できない状態を生み出している。

隣国である台湾では、ＬＧＢＴなど性的マイノリティが長年にわたり、差別や抑圧を受けてきた。彼らの運動の成果として、同性婚を認める法律が二〇一九年五月に成立した。地道な運動を展開し、世論形成を進めてきた人々の尽力に敬意を表したい。台湾は、日本よりも先に東アジアで初めて、性的マイノリティとともに手を取り、歩むことを宣言したことになる。

このように、世界各国で「対決と創造」の試みが生まれ、その運動が一定の成果として結実している。実際に賃上げや生活の幅が広がるなど、具体的で実効性ある変化が起こり、次の要求行動へのインセンティブを生じさせていく。

この変化によって、人々の運動は、さらなる人々を突き動かし、伝播していく。声を上げていいのだ、私たちは社会を変えられる力があるのだ、と。ここが最も重要な点、社会運動の意義である。

もちろん、声を上げることに対しては、恐れを生じさせるし、非難や心ない言葉をかけられることもある。しかし、その声を聴いて一緒に立ち上がる仲間が必ず現れる。世界の運動や、日本の過去の運動はそうした教訓を私たちに与え続けてくれる。一人ひとりが闘い始めれば、社会を変えることができるのだ、と。

本書は「対決と創造」をテーマにして、閉塞感が漂う日本社会を打破する上で、闘うことの意義を改めて問いかけたものになった。世界各国の運動は、具体的に多くの示唆を与え続けてくれているが、翻って、日本社会はどうだろうか。変化に乏しい「無風状態」とも言っていいだろう。

権力側や資本側、体制側、いわゆる「持つ側」と話し合おう、彼らに理解してもらうように、彼らを奉《たてまつ》ろう。できるだけ彼らに「敵」だと思われないように、脅威を与えないように、「お願い」をすることが正しい「社会運動」だ。「自分たちの論理」で権利主張をするなどとんでもない、という雰囲気が覆っている。

本書で強調してきたことは、そうではなく、対決や闘争を避けて、差別や抑圧、貧困が改善に向かうことは歴史的に見ても皆無だということだ。世界は常に本書で示した社会構造と闘っているし、日本でも過去には先人が闘いのなかで勝ち取ってきた多くのものがあると指摘してきた。

本書がつかみ出した結論は、われわれには潜在的な力があるということである。それを抑圧するのか、解放するのか、によって、時代の針は前にも後ろにも進んでいくだろう。少なくとも、世界の一部の運動や実践が様々な形で、具体的に社会を変えているように、われわれもコンフリクトを恐れずに、一歩ずつ歩みを進めていかなければならない。

まだ端緒に過ぎないものではあるが、本書では社会変革の萌芽が労働運動や福祉運動、それを牽引する理論のなかにあることを示すことができたと思う。市民や労働者が小さいながらも、コンフリクトを恐れずに異議申し立てや対決をすることによって、社会は前進していることも明らかにできた。これは大きな今後の希望となろう。

経済成長に依存できない今日、当事者をアソーシエイトし、日常を具体的に変えるための要求行動が社会を変えるための近道なのである。

そろそろわれわれは敵対性を明らかにし、対決を避けず、日本社会を読者諸氏とともに前に進めたいものである。

最後に、これほど時代の大きな潮流に異議申し立てをし、オルタナティブをラディカルに提示する書籍が発刊できたことを嬉しく思う。その貢献として大きかったのは、言うまでもなく、編集作業を進めてくれた岩波書店の中山永基氏、押川淳氏であった。両名は筆の遅い編著者に叱咤激励をしてくださり、発刊に向けて意義ある仕事をしていただいた。お二人の献身的な作業がなければ、本書は発刊することができなかっただろう。彼らの貢献に感謝し、読者の皆さんに奮起をお願いして、筆をおくこととする。

木下武男(きのした たけお)　【第5章】

労働社会学者．昭和女子大学元教授．『日本人の賃金』(平凡社新書 1999)，『格差社会にいどむユニオン――21世紀労働運動原論』(花伝社 2007)，『若者の逆襲――ワーキングプアからユニオンへ』(旬報社 2012)など著書多数．

後藤道夫(ごとう みちお)　【第3章】

福祉国家構想研究会共同代表．都留文科大学名誉教授．東京労働学校校長．非営利・協同総合研究所いのちとくらし副理事長．『戦後思想ヘゲモニーの終焉と新福祉国家構想』(旬報社 2006)など著書，編著書多数．

佐々木隆治(ささき りゅうじ)　【第7章】

立教大学経済学部准教授．日本 MEGA(『新マルクス・エンゲルス全集』)編集委員会編集委員．『カール・マルクス――「資本主義」と闘った社会思想家』(ちくま新書 2016)，『増補改訂版　マルクスの物象化論――資本主義批判としての素材の思想』(社会評論社 2018)，『マルクス 資本論』(角川選書 2018)など著書多数．

宮田惟史(みやた これふみ)　【第6章】

駒澤大学経済学部准教授．共著書・論文に『マルクスの恐慌論』(桜井書店近刊)，「『資本論』第3部第3篇草稿の課題と意義」(『季刊 経済理論』第51巻第2号 2014)，「マルクス信用論の課題と展開」(『季刊 経済理論』第52巻第3号 2015)など多数．

渡辺寛人(わたなべ ひろと)　【第2章】

NPO 法人 POSSE 事務局長．雑誌 POSSE 編集長．東京大学大学院総合文化研究科博士課程在籍．専門は貧困研究，社会政策．社会福祉士．共著に『断絶の都市センダイ――ブラック国家・日本の縮図』(朝日新聞出版 2014)．

今野晴貴　【第4章】

NPO法人POSSE代表．ブラック企業対策プロジェクト共同代表．年間およそ3000件の労働・生活相談に関わる．『ブラック企業——日本を食いつぶす妖怪』(文春新書2012)，『生活保護——知られざる恐怖の現場』(ちくま新書2013)など著書多数．

藤田孝典　【第1章】

NPO法人ほっとプラス代表理事．聖学院大学人間福祉学部客員准教授．反貧困ネットワーク埼玉代表．ブラック企業対策プロジェクト共同代表．『下流老人——一億総老後崩壊の衝撃』(朝日新書2015)，『貧困世代——社会の監獄に閉じ込められた若者たち』(講談社現代新書2016)など著書多数．

闘わなければ社会は壊れる
——〈対決と創造〉の労働・福祉運動論

2019年6月25日　第1刷発行
2019年9月5日　第2刷発行

編　者　今野晴貴《こんのはるき》・藤田孝典《ふじたたかのり》

発行者　岡本　厚

発行所　株式会社　岩波書店
〒101-8002　東京都千代田区一ツ橋2-5-5
電話案内　03-5210-4000
https://www.iwanami.co.jp/

印刷・三秀舎　製本・中永製本

ISBN 978-4-00-061349-1　Printed in Japan